박래빗 첫 시 산문집

i의 예쁨

i의 예쁨

초판 1쇄 발행 2024년 11월 29일

지은이 박래빗
펴낸이 장현수
펴낸곳 메이킹북스
출판등록 제 2019-000010호

디자인 이정아
편집 이정아, 윤목화
교정 안지은
마케팅 김소형

주소 서울특별시 구로구 경인로 661, 핀포인트타워 912-914호
전화 02-2135-5086
팩스 02-2135-5087
이메일 making_books@naver.com
홈페이지 www.makingbooks.co.kr

ISBN 979-11-6791-629-7(03810)
값 16,800원

ⓒ 이 책은 충남문화관광재단의 예술 지원으로 발간했습니다.
  2024 Printed in Korea

잘못된 책은 구입하신 곳에서 바꾸어 드립니다.
이 책의 전부 또는 일부 내용을 재사용하려면 사전에 저작권자와 펴낸곳의 동의를 받아야 합니다.

메이킹북스는 저자님의 소중한 투고 원고를 기다립니다.
출간에 대한 관심이 있으신 분은 making_books@naver.com으로 보내 주세요.

들어가면서

하루가 지나가는
저녁 하늘을 자주 올려다보았습니다.

계절은 항상
나를 사랑으로 가득하게 했습니다.

그 기분, 그 사랑.

너무 이르지도.
너무 늦지도 않게 쓰게 된 이야기들.

나는 후회 없이 살았습니다.
모든 게 고마운 마음뿐이었습니다.

또 읽었던 책과 읽을 책이 있다는 것,

쓴 시와
써야 할 시가 있다는 것에
그저 감사한 마음뿐이었습니다.

내 인생은
내 삶은 영원토록.

나의 이야기는 앞으로도 그럴 것입니다.

1부 i의 예쁨의 왕국　　　　　　14

2부 차분함이 바구니에서 굴러다니며　　52

3부 모두가 모자를 쓴 것처럼　　　　　95

4부 이름을 명명해 주었다　　　　　138

5부 어떻게 쓸지 궁리를 하며　　　　175

6부 그래서 그가 좋았다　　　　　　214

7부 다른 세계의 에피소드　　　　　262

1부 i의 예쁨의 왕국

전생 15 | 한옥 16 | 피아노 17 |환타 콜라 사이다 19 | 신비 20 | 겨울바람에 오징어를 구웠어요 21 | 시인 피아니스트 천문학자 22 | 숫타니파타 23 | 아름다운 비밀 24 | 달이 천장까지 와서 나를 덮어주네 25 | 동화책과 헤어지지 않는 법 26 | 피아노 유리 너머 28 | 겨울이 겨울을 29 | 과학 상상화 그리기 대회 30 | 걸스카우트 31 | 껌 32 |철봉 33 | 오스굿스 씨 34 | 가을 운동회 35 | 선인장의 영혼 36 | 토끼야, 사는 곳이 어디니 37 | 라디오 38 | 캔디 39 | 양파 40 | 달팽이관 41 | 시 읽기 42 | 소설 읽기 43 | 죽음의 수용소에서 44 | 니체 45 | 마니또 (∞) 46 | 여고 시절 48 | 인디언 썸머 49 | i의 예쁨 50

2부 차분함이 바구니에서 굴러다니며

새 53 | 벚, 꽃 54 | 산책하는 55 | 바울의 서신서 56 | 갑상선 57 |네 갈래의 직육면체 58 | 수학 천재 1 59 |뇌에서 꺼낸 임사체험 60 | 이렇게 사람은 죽음을 준비한다 64 | 보라색 운동화를 샀다 66 | 혼자 있기 67 | 빨강 머리 앤 68 | 머리카락부터 숨으세요 69 | 빨래 도구를 파랗게 70 | 편지 71 | 책과의 인연 72 | 별에서 온 그대 73 | 거울 74 | 있으세요 75 | 타샤 튜더 76 | 전주 독립영화관에서 77 | 차이티라떼 78 | 만트라 79 | 수학 천재 2 80 | 가은이에게 81 | 채원이에게 82 | 예슬이에게 83 | 유치원 선생님께 84 | 1학년 담임 선생님께 85 | 이시영 교수님께 86 | 아이스크림 씨 88 | 캉캉이에게 89 | 캉캉이의 꿈 90 | 세공사님께 91 | 뉴턴에게 92 | 회색 토끼 93 | 사과 향 캔들 94

3부 모두가 모자를 쓴 것처럼

날개에 돋아난 96 | 많은 날이 기다리고 있어 97 | 이브의 신부 98 | 완전한 휴식 99 | 반 사각형 자세 100 | 프라나야마 101 | <지구>와 같다 102 | 나무 자세 103 | 심도 있게 요가 수련 104 | 사트바 105 | 우스트라 아사나 비 106 | 의자[1] 107 | 기도 110 | 불멸 111 | 사각형 비 112 | 영혼이 눈을 113 | 이름을 기억하는 일 114 | 너의 눈물에 눈들이 115 | 아름다워서 아름다운 116 | 신과 기도 117 | 순교자들 118 | 카타콤 119 | 륜의 경륜 120 | 아무튼, 나는 겨자씨 121 | 거짓말쟁이 조조 122 | 선을 위한 미 123 | 매듭 124 | 비를 씻어두기 125 | 궁남지에서 126 | 강경 산책 127 | 연둣빛 슬픔 128 | 보성 녹차 밭 129 | 산티아고 결혼식 130 | 은진미륵 관촉사 131 | 책방, 어쩌다 산책 132 | 탑정호수 구름 133 | 딥씨-선샤인랜드 근처 카페 134 | 고성 135 | 토끼에서 토끼가 나온다 136

4부 이름을 명명해 주었다

에밀리 디킨슨을 생각함 139 | 소리 발생기 140 | 문학관 141 | 그림책 수업 142 | 처방전 143 | 신춘문예 투고 144 | 즐거운 나의 집 145 | 더 가벼워지기를 146 | 치킨 147 | 첫 시집 148 | 펭귄에 대해 150 | 커피가 있는 환경에 있게 되었고 151 | 시의 설화 152 | 여름에 내리는 차가운 눈 154 | 시적인 것과 시적이지 않은 것 155 | 메모 156 | 웃음 157 | 빌자국 위에 158 | 문장을 담은 일 159 | 홀로 160 | 예쁜 시 161 | 영혼에 대한 정의 162 | 산문 163 | 이름이 이름으로 164 | 체리를 주웠어 165 | 이생의 인연은 닿아서 167 | 정사각형의 우주 168 | 크리스마스 이브 169 | 펭귄, 펭귄 170 | 지금은 지금을 사랑할래 171 | 압운 172 | 찰리와 초콜릿 공장 173 | 나는 식물 집사 174

5부 어떻게 쓸지 궁리를 하며

진천의 기억 176 | 여름과 가을이 안경 사이로 177 | 선물 179 |디스크 180 | 반 고흐 인 서울 181 | 언젠가의 겨울 182 | 갑작스러운 회전율 183 | 양초의 심지가 타고 있어요 184 | 별별 185 |물 위를 걷기 187 | 우리는 서로 아이스크림을 188 | 일출을 보는 날의 천사들 189 | (여름의 공기를) 모자와 케이크와 190 | 가을 눈사람으로 살아갑니다 191 | 스티치 192 | 신성한 글쓰기 193 | 막심 므라비차 194 |【제4의 벽】미술관에서 197 | 인중을 긁적거리며 198 | 선운사 동백 199 | 꽃, 마리인 200 | 눈송이의 그림들이 구두에 있었어요 201 | 사이프러스가 있는 과수원 202 | 그림처럼 203 | 텀블러 204 | 자작나무 205 | 사려 깊은 나의 숲 206 | 쓰는 시간 207 | 더할 나위 없이 208 | 화자 209 | 시 쓰는 것 210 | 예쁘지 않지만 예쁠 수 있는 211 | 베개는 말을 타고 날아가고 212 | 내가 나에게 213

6부 그래서 그가 좋았다

천지창조 215 | 은 216 | 푸른수초 217 | 안경 218 | 백석 논문 219| 알레르기 220 | 한지 221 | 백살 공주 222 | 기쁨으로 223 |고흐의 해바라기 224 | 희곡 225 | 미를 위한 226 | 밥 꽃 227 | 립 228 | 슬라임 229 | 나의 리을 리을 230 | 십자수 231 | 미안, 사탕 232 |백신 233 | 마시다가 236 | 시집 237 | 강아지 일기 238 | 너와 함께한 시간 속에서 239 | 단편소설 240 | 실크 사과 241 | 페르소나 242 | infj 243 | 인프제를 사랑하세요 244 | 그해 여름 245 | 몬스테라 알보 246 | 천사 시인 247 | 현우에게 쓰는 첫 번째 엽서 248 | 현우에게 쓰는 두 번째 엽서 252 | 현우에게 쓰는 세 번째 엽서 255 | 현우에게 쓰는 네 번째 엽서 256 | 연둣빛 편지 258 | 내 소원은 오빠가 생기는 것 259 | 우리는 우리를 사랑하고 260 | 눈사람이 내리고 하얀 토끼가 있어요 261

7부 다른 세계의 에피소드

9 263 | ★ 264 | 매직 265 | 사각형을 신뢰함 266 | 11 267 | 흩어짐이 없이 268 | view point 269 | 6 270 | 2권 271 | where are you 272 | 8을 위한 테크닉 273 | a, a'a' 274 | 3=3≠0 275 | 14의 현현 276 | 〔원인≠결과〕⇒0 277 | ㅎ의 전체 279 | 키나리 키키 280 | N의 의자 281 | BTS 지민 282 | 진천 여행기 283

the prettiness of i

시

열네 살에 사랑은 또 다른 우주를 창조하는 것이라고, 쓴 시가 생각이 납니다. 저는 천성적으로 글과 시와 소설과 그림과 음악과 모든 예술을 사랑하는 것 같습니다. 뭐랄까. 이 아름다운 우주에 공기로 둘러싸인 입자들이 모두 예술의 한 분야라고 할까요. 달을 보면 내 안에 무엇인가 트여있는 싹이 자라가고. 해를 보면 두 다리로 걷고 나무를 안고 있는 기분이라고 할까요. 모든 글의 영감은 자연으로부터 우주적으로 오는 것은 확실하다고 생각합니다. 이런 의미에서 저 또한 그들에게서, 빛의 생명을 부여받는 아주 작은 존재이겠지요. 하지만 저는 시를 쓴다는 것은 여전히 오리무중입니다. 시는 여전히 알 수 없고 답이 없는 녀석이지요. 그래서 저는 시가 좋습니다. 어딘가 모르게 저와 닮은 것도 있고요. 변화무쌍한 시는 저에게 살아가는 법을 알려주었습니다. 또한, 글은 시 안에 시는 글 안에 포함되어서 지내는 모습이 좋습니다. 지구에서 시인이라는 내가 있고 시를 읽는 그대들도 있고. 무엇보다 시가 있기에 나는 더 바랄 것이 무엇이 있겠습니다. 저는 그것이면 됩니다.

the prettiness of i

1부

i 의 예쁨의 왕국

전생

문자를 손으로 쓰기 전에 그 나이였을 때, 꿈 하나가 나를 찾아왔다. 전생이었다. 누가 가르쳐준 것은 아니었지만, 전생이라고 생각을 했다. 나는 한복을 입고 있었다. 꽃신을 신고, 다리를 건너고 있었다. 다리 아래로는 물이 흐르고 있었다. 계절은 봄이었다. 나는 굉장히 행복해하는 얼굴이었다. 시대도 바뀌고 시간도 흘렀지만,

나는 그 모습이 나라는 것을 알 수 있었다.

내 오른쪽에는 한 여인이, 왼쪽에도 한 여인이 있었다. 그때의 나는 머리를 길게 땋았으며, 마르고 키가 컸다. 두 여인은 나보다 키가 컸다. 내가 걸어가고 있을 때, 내 앞에서 같이 걸어갔다. 나는 중앙에 있었다.

<u>그것이 내가 기억하는 처음의 꿈일 것이다.</u>

그렇지만 나는 꿈이라고 여기기에는 생생했으므로.
전생이구나, 하면서. 나는 두 여인이 정말 궁금했다.

비록 전생이지만.
다시 만날 수 있다면 누구일까.
내가 어른이 되면 다시 만날 수 있을까,
하고. 그렇게 시작한 나의 꿈.

한옥

　어릴 땐 할아버지께서 만든 집에서 살았다. 전형적인 한옥이었다. 마루도 있었고, 과거에 쓰던 말 안장과 옛날 물건들이 있었다. 할아버지는 침을 놓는 분이셨다. 동네 길목에 할아버지께서 나무로 만든 모종이 있었다. 큰 기둥에 한자가 적혀 있었다. 어릴 때, 그 한자를 보았던 기억이 있다. 굵은 글씨로 써 내려간 나무 기둥의 서체들.

　나는 한 번도 할아버지를 본 적은 없었다.
　아버지 어릴 때 돌아가셨다고 하셨다.
　할머니의 방에서 할아버지 사진을 본 적이 있다.

　검은 안경에 너무나
　말끔한 외모를 한 할아버지셨다.
　할아버지를 꼭 한 번 뵙고 싶었다.

　동화에도 없는 이야기도 듣고, 도란도란
　정답게 나눠가며, 그렇게.

　사진 속의 할아버지는 정지용 시인의
　얼굴과 비슷한 인상을 받았다.

　희고 고운 얼굴과 반듯한 눈빛과 짙은 눈썹이
　할아버지의 마음을 보여주는 것 같았다.
　우리가 살았던 한옥을 만든 손길 또한 그랬다.

피아노

여섯 살부터 초등학교 6학년까지 피아노 학원에 다녔다. 남동생 둘과 피아노를 배웠다. 나는 피아노가 미스터리하게 보였고, 그냥 피아노가 좋았다. 선생님께서 그날 배울 곡을 피아노로 쳐 주셨다. 악보 위에 동그랗게 사과를 그려주셨다. 피아노를 한 번 칠 때마다, 비어 있는 사과에 연필로 까맣게 색을 칠했다. 나는 선생님과 계산법이 달랐다. 피아노를 한 번 치면, 세 개에서 다섯 개의 과일을 색칠했다.

피아노의 악보대로 치지 않았다. 손가락이 움직이는 대로 연주를 했다. 그리고 피아노 의자에 앉아서 피아노와 나만의 대화를 나누기도 했다.

그건 일종의 피아노에게 말 걸기였다.

<u>피아노는 그저 사물이 아닌, 나에게는 크고
아름다운 생물이었던 것 같다.</u>

어린 내가 우러러볼 만큼 대단하고
큰 빛나는 생물체였다.

내가 피아노와 말을 한다는 것을 아무에게도 말하지 않았다. 피아노 방에서 나만의 시간을 보낼 수 있었다. 잠깐이었지만, 밖에서는 피아노 소리가 들리는데도. 나는 그 시간을 온전히 나만의 시간으로 여겼다.

훗날, 시인이 되었을 때

어릴 때 피아노에게 말 걸기는 '사물과 대화'를
하는 시인이 가진 <u>특유의 시심</u>이라는 것이었다.

이 시심이란,

독특한 것이 아니다.
우리가 입에 말을 두고 했던 종알거리는,

마음속에서 나오는 마음의 표현이다.

어린아이가 애를 써서 말을 하려고
옹알이를 하며 노력을 하듯이.

사물과의 대화는 끊임없는 사유를 확장시켜
나가는 옹알이와도 같은 것이다.

마음의 말과
보이는 말은

때와 장소가 다르더라도

<u>연속적으로 있어지는
하나의 사유체계일지도 모른다.</u>

환타 콜라 사이다

환타에 섞인 밥의 맛이 궁금했다. 마침, 집에 콜라와 환타와 사이다가 있었다. 나는 하얀 주걱으로 밥을 푸고, 그릇에 담았다. 밥그릇에 콜라와 환타와 사이다를 부었다.

집에는 아무도 없었다.

숟가락으로 국을 말 듯이 말아먹으면 밥이 어떤 맛일지 상상을 하는 것도 즐거웠다. 시식은 환타부터 했다.

기대한 것보다 맛은 덜했으나, 작은 목표는 달성했다고 봤다. 그다음은 콜라와 사이다였다.

내가 상상하고 생각한 맛이 아니었다.

가족들이 집에 오기 전에 얼른 정리해야 했다. 이것은 나의 단순한 호기심이었다.

힌침이나 시나샀던 일인데,

<u>돌이켜보면 상상력이 상상력을 이은, 나의 실험적이면서 자발적이고 시적인 발상이 낳은 행동.</u>

신비

그러니까 그날, 초등학교 입학을 하고 며칠째 학교에 다니고 있었어. 그날도 공부가 끝나고 집으로 오는 길이었지. 그랬지. 그날이었어. 찬란하고도 찬란한 봄날이었어. 날은 너무나 좋아서 햇빛이 내 피부에 내려앉고 오고 가는 온기마저도 포근했어. 좋았어. 기분 좋은 오후였지. 그런데 나는 보았는데, 무수한 원반 같은 것을 보았지. 소나무 위에서 도형이 형형색색 빛을 내면서, 하늘에 신비롭게 떠 있었어. 지금 내가 보는 것이, 도형인가. 우주인가. 원반인가. 있지. 나는 무섭지도 않았어. 나는 신비롭기만 했어. 그저 신기해서, 나는 하늘만 보고 있었어. 소나무 위에서 정지된 채 떠 있는 그들. 내가 먼저 그 자리를 이동하지 않으면, 떠나지 않을 것 같았어. 나는 놀라지도 않았어. 묵묵히 그들을 지켜보면서 웃으면서 집으로 걸어갔지. 잊고 있었지. 살다 보면 다 잊히니까. 그 말하기조차 신비로운 도형을 말이야. 그런데 당신의 아늑한 눈빛을 보고 나는 떠올리게 되었네. 뇌에 있던 도형이 어디에 있던 걸까. 해마에 있었던 것일까. 감쪽같이 잊고 있었어. 그들은 외계인이 아니지. 순수한 생명체인 거지. 다시 볼 수 있을까. 다시 내 앞에 나타나게 될까. 그 도형을. 그때의 감각적인 나의 눈빛이 보았던 것과 다른 것이 있다는 것을 나는 확인하고, 알게 될까. 그걸 알게 되면, 나는 무수한 과정을 어떻게 지나가게 될까. 나는 그게 참 궁금해.

겨울바람에 오징어를 구웠어요

어린이였을 때
엄마는 연탄불을 갈고
그 위에
오징어를 구워서
동생들과 나눠 먹고
우리는
이불을 덮으면서
아주 먼
옛날이야기를 나누며
하하
호호
웃어가면서
또 귤도 까먹고
재미나게
아무런 걱정도 없이
그저

호호
시절이었기만 한

시인 피아니스트 천문학자

어릴 땐 시인, 피아니스트, 천문학자가 나의 꿈이었다. 밤하늘의 별들을 보면 어린 나이에도. 아무 생각 없이 그냥 별에 흡수되었다. 그렇게 밤하늘을 보고 있으면 내가 별이 되고, 별이 내 안에 사는 것 같은 경험을 했다. 몸속에 별이 온몸을 헤집고 다니는 것 같았고. 내 몸이 내 몸 같지 않은 이상한 기분이 들었다. 아무도 찾지 못한 별자리를 찾을 수 있겠다는 기분.

아무도 못 본 별이
내 앞에 나타날 것 같은 기분.

밤하늘은 나의 시작 노트다.

그곳에 내가 사랑하는 것들이 다양하게
무수히 빛을 퍼트리고 있다.

그 광휘의 움직임 속에서 나는 누군가를 사랑하고, 기다리고 그리워했던 시간. 누군가를 생각하는 것은, 내가 살아 있다는 것이고. 내가 그들을 생각함으로 그들 또한 나와 함께 살아 있다는 것.

그러니까 내가 별을 통해 본 세상은,

그리움의 바탕에 올려놓은 다양한 별들의 색을
마주하는 매일, 그렇게 매일이기만 오늘.

숫타니파타

초등학교 1학년 때였다. 친구들이 다 집에 가고 학교 도서실로 갔다. 아무도 없었는데, 무섭지 않았다. 책이 있었기 때문이다.

하지만, 신은 다르다. 물론 사랑의 신, 용서의 신, 천지창조의 시작이자 끝인. 대 우주의 신이시지만, 신은 무섭기보다, 다른 부분들이 있다.

아무튼, 나는 도서실 안에서 나를 찾고 있었다.

임신과 육아의 책을 읽으면서, 내가 만들어진 과정을 생각했다. 참 오밀조밀하게 내가 이 세상에 태어났구나, 하면서. 새삼스레 감탄하고 있었다.

그리고 옆에 불교 경전이 있었다.

정말 흥미롭게 잘 읽었다. 어린 나이에 무엇을 안다고 읽었을까, 싶었지만. 정말 그 자리에 앉아서 단숨에 읽어나갔다. 무척 몰입감이 있었다. 일종의 카타르시스를 체험한 셈이다. 그리고 집으로 돌아갔다. 다음 날 학교 수업이 시작되었고, 담임 선생님은 우리에게 모르는 것들을 가르쳐주셨다. 책상에 책을 펴고 의자에 앉고서, 공부하는 친구들을 보며 생각했다.

친구들아, 얼마나 많은 시간을 거쳐서 왔니.

아름다운 비밀

어릴 때, 엄마 손 잡고 시장에 가는 건 참 힘들고 싫기만 했습니다. 불교 경전 숫타니파타를 읽은 지 얼마 지나지 않았을 때, 시장은 나를 시험하는 장소처럼 여겨졌습니다. 수많은 이들의 전생과 환생이 시장에서 열리는 기분이었습니다. 냉이를 파는 냉이꽃 할머니. 사람처럼 물을 가득 머금은 꼿꼿한 콩나물. 모두가 살고 잊고 살아가는데, 수많은 이들의 표정에서 생이, 지나가는 장면처럼, 아프게만 다가왔습니다. 엄마는 또 시장에 가자고 하셨지만, 그때마다 나는 시장에 가지 않으려고 했습니다. 가끔 어쩔 수 없이 가는 날이면, 설탕 가루를 입에 묻혀가며, 시장 입구에서 서성거렸습니다. 엄마에게는 비밀이었지만, 시장 가는 것이 참으로 곤욕이었습니다. 지금은 나이도 들고 조금씩 변했습니다.

어릴 때와 다르게 시장 가는 것이 재밌습니다.
저는 나이를 반대로 먹는 것 같습니다.

너무 일찍 어른이 된 내면 아이와 지금의 나와 융합을 이룹니다. 저는 이제 시를 쓰러 시장에 가고, 시를 다듬으러 시장을 갑니다. 식물도 보러 갑니다. 나물을 보는 것도 신기하기만 합니다. 블루베리 나무, 체리 나무, 감나무, 석류나무, 무채색의 모자를 구경하는 것을 즐거워합니다. 언젠가 문창과에 다닐 때, 삼례 시장을 간 적이 있습니다. 우리는 스승님에게 시장에서도 시를 배웠습니다. 성냥을 통해 시가 만들어지는 것을 익혔고, 삼겹살이 구워질 때, 삼겹살이 되는 마음을 시장에서 배웠습니다. 모두 다 스승님의 은혜 덕분에 제가 많이 바뀌게 된 것이겠죠. 그것도 시장에서 얻은 시의 비밀입니다.

달이 천장까지 와서 나를 덮어주네

학습하기 전에 흔히 달이 나를 따라오는 현상을 겪는다. 그리고 학습을 한 후에는 학습을 잊고, 여전히 달이 나를 따라온다고 믿는다.

아니, 그렇게 믿고 싶어진다.
달은 여전히 내게, 경이로움의 서사이다.

달은 나를 따라온다. 내가 가는 곳마다 따라와서
나를 비추고 나를 덮어 준다.

겨울날, 마당에서 달을 보고 있었다. 굉장히 환했다. 너무나 환해서, 달을 한참 보고 있었다. 그때 달이 눈물을 뚝뚝, 흘리고 있는 것을 보았다. 그래서 저 달이 우리를 항상 비추어주고 있는데, 저 달을 누구 하나 지켜주는 사람이 없구나, 하면서. 이제부터는 내가 달을 지켜주겠다고 했다. 나에게 이름 하나를 더 붙여줬다. 그 이름은 달나라 천사였다. 그날부터 나는 달을 지켜주는 달나라 천사로, 세상의 부름을 받았다. 책을 사면, 이름을 달나라 천사, 라고. 쓰고 클로버를 앞, 뒤로 그려주었다. 물건을 사도 마찬가지였다. 가방에, 노트에, 필통에, 내가 쓴 그림에, 내가 만든 작품에, 마치 내가 항상 달을 생각하는 사람인 것처럼,

달도 그길 일고 있을 거라는 생각을 하듯이.

동화책과 헤어지지 않는 법

 초등학교 1학년 때 엄마는 동화 전집을 사주셨다. 책장에 금성출판사에서 나온 동화책과 동화 테이프가 있었다. 나는 학교 수업이 끝나면, 집에 와서 그 동화 테이프를 들었다. 일종의 구연동화인데, 너무 재미있다는 표현밖에는 못 하겠다. 내 앞에서 동화가 펼쳐지는 것 같았으니까. 초반부에 시작하는 노래 "꿈을 꾸었어요."라고 시작하는 목소리가 등장하면, 기쁨을 감추지 못했다. 나는 그 자리에서 뛰어다녔다. 나중에는 테이프를 너무 들어서, 동화를 외웠는지 자연스럽게, 다음 대사를 먼저 내가 뱉고 있었다. 정말 듣고 또 듣고 들었다.

 지금은 그림책이라고 말을 하지만,
 어릴 땐 다 동화책이라고 말하고 그렇게 불렀다.

 동화책에는 정말 모든 게 다 들어 있었다.
 웃음, 슬픔, 선, 악, 음식, 계절.

 나는 동화가 끝나는 게 정말 너무 아쉬웠다.
 새로 책을 한 권씩 읽는 게 즐거웠지만,
 점점 주인공들과 헤어지는 게 슬펐다.

 동화 속의 허구적인 인물이 아니라, 그들은
 나의 친구였고. 내 곁에 있는 친하고 다정한
 인물들처럼 여겨졌기 때문이다.

그래서 나는 헤어지지 않는 법은 없을까.
이 이야기가 끝나지 않게 하려면
어떻게 해야 할까, 하고.

어린 나는 동화책을 통해 사유의 시작점을
골똘히 연구했다.

내가 생각해 낸 방법은.
머리맡에 읽은 동화책을 두고 잠들기였다.

비록 이야기는 끝났지만, 나에게는 여전히 이야기는 끝나지 않았고. 그 인물들은 여전히 나에게는 유효하니. 꿈에서 다시 이야기가 시작되는 거라고 믿었다. 주인공이 내 꿈으로 찾아와서, 그들이 만들고 싶은 이야기를 내가 이어가고. 다른 인물들로 탄생하게 해줄 거라는 마음이 있었다.

그래서 그들과 영원히
헤어지지 않으며. 영원히 살아 있다고 여겼다.

나는 그들이 생명이 있나고.
그들도 사람처럼 인격이 있다고 여겼기에.

잘 때는 책을 꼭 껴안고 잠을 잤다.
동화 속 인물과 만나리라는 늘 부푼 기대를 했다.

피아노 유리 너머

  초등학교 4학년 때였다. 학원에서 피아노를 연습하고 있었다. 6시가 다 되어가고 있었고, 친구들도 집에 가고 없을 때였다. 그런데 피아노 소리가 들려왔다. 유리창 너머로, 6학년이었던 언니가 연주하는 소리였다. 피부가 하얗고, 단발머리가 잘 어울렸던 언니였다. 언니의 얼굴을 몇 번 본 적은 있었지만, 대화를 해 본 적은 없었다.

  나는 조용히 언니가 연주하는 것을, 유리 너머로 보았다.
  감동적인 연주를 보며, 나는 생각했다.

  아. 피아노는 이렇게 치는 거구나.

  언니는 눈을 감고 피아노를 치고 있었다.
  언니는 황홀경 상태였다.

  <u>악보는 있었지만, 악보는 없는 것과 같았다.</u>

  언니는 자신의 연주에 흠뻑 빠져 있었다.
  그 모습이 지금도 눈에 선명하다.

  내 눈에 비친 언니는 '피아노 연주자'였다.

  나는 그저 피아노 소리가 들려서,
  귀를 기울이고 발걸음을 기울인 것뿐이었다.

겨울이 겨울을

어려서 허약체질이었던 나는 유독 발가락 동상이 심했다. 한여름엔 찬물에 오랫동안 발을 담갔다가, 발가락이 빨개졌다. 동상에 걸릴 것만 같은 마음이 들면서. 나의 발은 참으로 어딘가에 오래 머물긴 쉽지 않겠구나, 하고. 발가락을 보며 생각했다.

그러면서, 나의 작은 발가락 사이로 빠져나가는 물방울들이 수증기가 되는 시간을 물끄러미 보았다. 동상에 걸리지 않게 양말을 두 겹으로 신고 다녔다. 찬 바람을 피할 수는 없었지만, 바람이 불어도 겨울을 씩씩하게 보냈다.

눈이 내리는 날엔 하늘을 보는 것도 좋았다.

하늘에서 내려오는 눈
공중에 떠 있는 눈들의 장면을 보는 게 기뻤다.

기뻐하는 것은,
언제나 나를 점점 걷게 하고
나를 지탱해 주는 원동력이 되어주었다.

지나간 아픔이 어느 나뭇가지에
청초한 색의 그림자를 지어놓고 간 것처럼.

과학 상상화 그리기 대회

1994년 초등학교 4학년 때
과학 상상화 그리기 대회가 있었다.

나는 바닷속에 사람들이
숨을 쉬고 지내는 그림을 그렸다.

물속에 있는 사람들

물속에서 자고 꿈을 꾸고
대화를 하고 사랑을 하는 사람들,

물속은 숨을 쉬고 마시는
아주 편안한 공간으로 여겼다.

어린 마음이었지만
언젠가는 꼭 이뤄질 수 있다며,

*바닷속의 공기를
칠하는 것도 참 신선했다.*

물방울 하나, 구름 공기와
바다의 공기 둘을 세어가면서,

소라와 꽃게가 모자를 나르는
그런 쪽빛의 하루가 있었고.

걸스카우트

4학년 때 걸스카우트에 가입했다. 단체로 모여서 어느 한 초등학교에서 수련회를 했다. 다양한 프로그램이 있었다. 집을 떠나와 경험하는 게 낯설고도 신선했다. 처음 마주하는 같은 학년 친구들과 언니들이 많았다. 그때 한 조로 만난 언니가 있었다. 이름은 기억나지 않는다. 처음 보았는데도 너무 친숙하고, 진짜 친언니처럼 여길 정도로 좋았다. 잠을 잘 때, 옆에서 같이 잠을 잤다.

걸스카우트 행사가 끝나고, 전화번호나 주소를 물어볼 생각은 왜 하지 못했을까. 어린 마음에 잘 몰랐다.

헤어지는데 너무 아쉬워서
집에 와서 울었던 것 같다.

<u>잠깐이었는데, 평생을 알고 지낸 언니같이.</u>
<u>잠깐이었는데, 잠깐이 아니었던 언니같이.</u>

글을 쓰면서도 그 언니가 보고 싶다. 언니는 키가 컸다. 얼굴도 예쁘고 말도 상냥하게 잘했다. 나에게 잘해준 언니라서 그런 건 아니지만, 문득문득 그 언니가 생각이 날 때가 있다. 어디선가 잘 지내고 있을 언니를 생각하는 오늘의 오후.

껌

초등학교 4학년 때였다. 피아노 대회가 있는 날이었다. 아침에 일어나니, 앞머리에 덕지덕지 껌이 붙어 있었다. 잠들기 전날 밤에 껌을 씹었던 기억은 없다. 지금도 그게 오리무중이다. 분명 양치하고 잠들었을 텐데, 언제 껌을 씹었을까. 잠결에 껌을 씹었나. 그것도 아니면, 껌이 입속으로 침투를 하고 싶었던 걸까.

껌은 어쩌다가
입속에 있다가 머리카락에 들러붙게 된 걸까.

일단, 가위를 집어 들었다.
얼른 가위로 앞머리를 잘랐다.

머리를 감을 생각을 못 했는지 지금도 모른다.

미용실에 가서 머리를 올리고, 귀걸이를 하고,
화장을 했다, 친구들과 연주회장에 도착했다.

드디어 내가 연주할 차례가 되었고,

너무나 쉬운 소네티네 연주곡임에도 안 틀릴 부분에서 틀렸다. 정말 치면서도 틀린 부분을 끝까지 몇 번을 치고, 맑게 웃으면서 연주를 마쳤다. 빨강과 흰색이 골고루 섞여 있던 긴 원피스를 입었던 대전 한밭 도서관의 오후,

철봉

4학년 때 우리 담임 선생님은 천사라고 생각했다. 웃는 모습도 예쁘시고 친절하시고, 무엇보다 사랑이 많으신 분이셨다. 짧은 1학기가 지나갈 무렵, 선생님은 육아휴직을 내셨다. 그 뒤로는 학교에서 선생님을 뵙지를 못했다.

일기를 매일 썼고,

선생님은 하루에 한 명씩 일기를 잘 쓴 친구를 칭찬하셨다. 마음이 설레던 일을 떠올려, 일기의 주제로 삼아 썼다. 6학년이었던 오빠가 철봉에 있을 때, 심장이 쿵쾅, 했고. 나는 집에 와서 그날, 그 감정을 고스란히 언어로 썼다. 내가 뽑히게 될 줄을 꿈에도 몰랐다. 오빠의 목소리는 다정다감했다. 얼굴은 까맣게 잘생겼고, 웃는 게 멋있었다. 선생님께 글을 잘 쓴다는 말을 듣고, 누구나 쓸 수 있다고 여겨서, 그 말씀을 특별하게 생각하지 않았다. 그때의 선생님의 밝은 표정을 잊지를 못한다. 그런데 어쩌면, 내 안에 글 쓰고자 하는 마음, 글을 사랑하는 마음이 참 오래전부터 있었구나, 하는 것을 알게 해준 일. 지나갔지만, 여전히 내 마음 안에 있는 "글을 잘 쓴다."라는 진심의 말. 칭찬에 감정이 크게 동요하는 내가 아니지만, 진심으로 해주신 말씀은 언제나 힘이 되는 말. 나를 살아가게 하는 말. 감사하고 이쁘기만 한 말.

오스굿스 씨

초등학교 4학년 때 이야기다. 운동장을 달리고 나면 마음이 상쾌했다. 정말 달리기가 좋았는데, 갑자기 무릎이 아프기 시작해서 달리기를 그만두었다. 병원에 갔는데, 무릎뼈가 튀어나오면서 통증이 있다고 했다. 의사 선생님께서 걷는 것을 최소화하는 게 좋다고 했다. 달리기를 그만두는 게 좋다고 하셨다. 학교 수업이 끝나면, 아빠는 교문 앞에서 나를 기다리고 계셨다. 나는 아빠 차를 타고 집으로 왔다.

봄 소풍이었다.

나는 걷지 않고,
친구들이 걸어 다니는 것을 보면서,

걷는 것과 걷지 않는 것의 차이는 무엇일지
사유했던 날의 오후.

얼마 안 가서 언제 그랬냐는 듯이
무릎 통증은 나아졌지만,

결국, 나는 달리기를 그만두었다. 마음이 이상했다. 달리기가 좋아서, 점심도 안 먹고 달리기 연습을 했는데, 이제 달리기를 하지 말라니. 즐거움이 어디 두껍고 빛바랜, 어둠 속으로 폴짝 뛰어 들어간 것 같은 기분이었다. 그 뒤로 달린 적이 많지 않았다. 그런데 버스를 타러 갈 때, 가끔 달릴 때가 있었다. 그저 좋기만 하였다. 교복 틈 사이로 달리는 내 다리는 분명 활기를 찾고 있었다.

가을 운동회

　초등학교 특기 적성 시간에, 아빠는 학교에 오셔서 장구를 가르쳐주셨다. 아빠는 정말 악기 연주를 잘하셨다. 나중엔 꽹과리를 연주했지만, 처음엔 장구를 배웠다. 장구의 모양은 나무 소라가 몇 개 합해져서 만들어진 작은 집 같았다. 어깨에 친구들과 장구를 메고, 장구채로 두드리던 즐거움.

둥둥. 아빠와 나와 친구들과 함께 즐거웠던
그 둥둥둥의 둥둥둥의 기억들.

장구는 신기한 음악을 내는 악기다.

운동회 날, 우리 반 친구들과 운동장에서
아빠에게 배웠던 장단을 연주했다.

희었던 얼굴이 까맣게 탔던 즐거웠던 기억.

둘리 음악에 맞추어 부채춤도 추던 날.
가족들이 잔디밭에 앉아 식사하며 웃었던 날.
할머니가 웃으시면서 행복해하셨던 날.

글을 쓰면서 다시 그때의 기억을 복기하며,

행복함을 충전해 보는
낮의 오후, 오늘의 낮, 여름의 행복인 오늘.

선인장의 영혼

큰아버지께서 군대에 계실 때, 월남전을 다녀오셨었다. 공무원으로 지내셨고, 대전에 사셨다. 당시 초등학생이었던 나를 공부시켜야 한다며, 부모님과 결정을 한 후, 나는 대전으로 유학을 가게 되었다. 시골에서만 살던 내가 도시로 나오니, 처음엔 도시 문명이 신기하기만 했다. 그곳에서 일주일 정도를 보냈고, 집으로 가는 게 좋을 거라고 여기고 있었다.

그때,

아무도 없는 그 집의 창가에 놓인 선인장과의 대화에서 나의 삶은 단순하게 정리가 되었다. 선인장의 영혼이 나에게 왜 이곳에 왔냐고 물었고. 갑자기 밀물과 썰물이 마음속에서 교차하여 큰 폭풍이 빠져나가면서. 삶은 짧다는 결론을 내렸다. 나는 그리 똑똑한 것도 아니고, 도시 생활은 나랑 너무 안 맞으니. 시골로 가야겠다고 생각을 하고. 시골에 가서 강아지랑 지내고, 나무들도 보고 친구들도 보면서 자연 속에서 살아야겠어, 라며. 유학 생활을 마무리하게 되었다. 이렇게 큰 다짐을 한 후, 큰아버지께 말씀을 드렸다. 후회하지 않느냐고 물으셨고, 나는 후회하지 않을 거라고 말씀을 드렸다. 결국, 다시 살던 곳으로 내려오게 되었다. 잠깐의 유학이었지만, 몇 개월의 시간이 흐른 것 같았고, 큰 어른이 된 것 같았다. 나는 참 시골 사람인 것을, 다시 한번 깨닫게 되었던 그때.

토끼야, 사는 곳이 어디니

아빠가 토끼를 데려오셨다. 아빠는 동물을 사랑하셨다. 나는 토끼를 보면서, 즐겁고 신기하기만 했다. 풀을 주니, 토끼는 작은 치아로 야금야금 잘 먹었다. 그 모습이 하도 재미가 있었다. 나는 잠시 내 시간을 보내고 있었다. 토끼가 보고 싶어서, 토끼집으로 가보았다. 토끼집에는 토끼가 없었다. 나는 참으로 토끼가 도망간 것에 대해, 영특하다고 여겼다. 토끼가 멀리 달아나지 않았을 것 같아, 살금살금 주위를 살폈다. 토끼가 깜깜한 구석에 있는 것을 알게 되었다. 나는 얼른 아빠에게 전화를 걸었다. 토끼가 집을 나가서, 잡아야 한다고 했다. 나는 솔직히 토끼가 아예 다른 곳으로 가버렸거나, 몸집이 큰 짐승에게 해를 입을 것이 마음이 쓰였다. 아빠가 오시고, 본격적인 토끼 잡기에 나섰다. 토끼는 정말 빨랐다. 마치 나와 아빠의 약을 올리는 것 같기도 했다. 토끼를 잡을 방법은, 우리가 토끼보다 발이 빨라야겠다는 생각뿐이었다. 아빠는 손전등을 가져와서 숨어 있는 토끼가 있는 곳으로 나올 수 있게 버튼을 눌렀다. 신기하게도 토끼는 불빛을 보고, 깜깜한 곳에서 밝은 곳으로 아장아장 걸어 나왔다. 그러고는 아빠가 토끼의 뒤편에서 토끼의 귀를 꽉 잡았다. 아빠는 토끼집으로 얼른 넣었다. 몇 시간이 지나, 토끼집에 가보니, 토끼는 보이지 않았다. 어쩜, 고향으로 돌아갔을 수도 있겠다는 다른 나만의 밝은 생각을 했다.

라디오

아빠가 초등학교 때 라디오를 사 오셨다. 나는 보자마자 신기한 물건에 반했다. 목소리가 라디오에서 나오는 게 신기하기도 신기했지만, 그 작은 물건에서 다양한 일들을 전해주는 게 좋았다. 마치 같은 세상에서 살고 있는데, 각자의 임무를 수행하면서. 우리에게 즐거움을 선사해 준다고 할까. 보이지는 않지만, 바로 가까이에서 우리에게 속삭여주는 보이는 목소리의 천사들 같았다. 나는 라디오를 즐겨 들었다. 라디오를 진행하는 디제이와 게스트들은 만나본 적도 없지만. 친근하게 다가와서 내 삶에 우연히 들어온 인물들이 되었다. 아직도 라디오에서 했던 말들이 가끔 떠오르고는 한다. 좋게 남아 있는 기억들이 많아서, 삶이 더 풍성해지는 것 같다. 그땐 작은 일 하나가 좋기만 했는데, 훗날 나에게 작은 추억 하나하나가 크게 남게 될 줄을 몰랐다. 특히 고등학교 때에 즐겨 듣던 라디오가 있었는데, 고3이었던 학생들에게 응원의 글을 보내주었다. 생각지도 못한 글을 받고, 손으로 글을 옮겨 적어 책 앞표지에 붙여놨었다. 그 마음이 진심으로 고마웠다. 고3이었던 나는 엽서에 여러 이야기를 쓰기도 했지만, 결국 보내지를 못했다. 엽서는 지금도 갖고 있다. 지금 와서 읽어보면 내가 쓴 글이 아닌 것 같다. 물론 글은 나와 다른 성질을 갖고 있기에 그럴 수도 있다. 내가 라디오, 라고. 말을 시작하면, 언제든지 다시 이야기를 즐겁게 시작할 수 있을 것 같다.

캔디

초등학교 6학년 때였다. 썰매장 개장 기념으로 가수가 왔다. '캔디' 노래를 부르던 'HOT'를 처음 보았다. 멀리서 사진을 찍었다. 처음 가수를 보았는데, 순식간에 지나갔다. 무대 위에서 춤을 추는 오빠들을 보면서, 내 마음이 즐거웠다. 많은 인파 속에서도 오빠들은 노래와 춤을 완벽하게 소화했다.

<u>음악은 참 오묘하다.</u>

오묘해서 마음과 생각에 들어와서,
온종일 기분을 좋게 만드는 요술을 부린다.

음악을 하는 사람, 음악을 듣는 사람 모두가 하나가 될 수 있게 하는 노래. 그런 노래는 시간이 지나도 변하지 않는 것 같다. 나도 누군가에게 그런 악보가 된다면, 아니, 될 수 있다면 어떨까. 재밌는 일화로 나중에 지역 사람들을 만나 대화를 통해 그날, 그 썰매장에 모였던 사람들이 많다는 것을 알게 되었다.

직접 무대를 보면서 들었던 음악은 나중까지 기억에 남는다. 특히 좋은 추억을 가진 음악이라면, 더 그런 것 같다. 즐거웠던 기억과 음악이 접목되어 뇌의 어느 한 부분에 행복한 기억으로 남아 있는 것도 감사한 일. 언제나 떠올려도 나를 기쁘게 하는 즐거웠던 날의 기억의 한 스푼.

양파

양파,
얼마나 예쁜 말인지.

양파,
향기도 얼마나 예쁜지.

지구의 눈물을

안고
있는 양파.

세상의 모든 향기를

다 품고
있는 것이기에.

양파는
스스로 알고 있을까,

모르고 있을까.

달팽이관

나는 귀가 잘 들렸다.

너무 잘 들리는 것도 타고난 것일까. 미세한 소리만 들려도 내 귀는 반응하고 있다는 것을 알고 나서, 피아노를 치면 안 되겠구나, 하고. 생각을 했다. 눈이 내리는 투명한 맑은 바구니에 가득한 구름들로 퐁퐁퐁거리며, 하얀 눈들은 달팽이관에 있는 심장에 닿는 것 같다.

비가 오는 것을 좋아하지만.
비가 창문을 향해 내미는 손바닥의 물체는 내 귀에서 진동을 만드는 게 다반사였다. 그래도 비가 오는 게 좋았다. 비는 지금도 좋다. 이 마음은 변하지 않을 것 같다.

비가 오면, 내 귀에서도 비가 내린다.
비를 맞은 것도 아닌데, 온몸이 축축해진다.
나는 비가 된다.

<u>비의 그림자가 내 몸을</u>
<u>적시는지도 모르는 일이다.</u>

손끝에 빗방울의 온도가 있고. 누군가에게 단비가 되고, 어느 나무는 그것이 필요한 생명수일 것이고, 또 바람이 불고 가는 물결일 것이다.

시 읽기

중학교 때
일기장과 노트에 시를 기록했다.

그러다가
나도 모르는 문장을
적은 적도 있다.

하지만 그때의 기록은 거의 없다.

기억을 더듬거려
뇌에 끼어 있는 언어를

다시 회복시키는 일.

<u>두개골을 열면</u>
<u>시어들이 쏟아져 나올까.</u>

아니면,

당
신
의

날개가 있을까.

소설 읽기

소설은 정말 재미가 있었다.

특히 중학교 때
혼자 소설 읽기에 푹 빠졌었다.

나는 정말 뭐 하나에 빠지면,
잘도 빠졌다가 잘도 나왔다.

하고 싶은 것을 꼭 해야 직성이 풀렸고.

그리고 천재 소설가를 알게 되었다.
소설은 소설로 풀어지는구나, 했고.

소설이 재미있다는 것을,

그 소설가의 책을 읽고
깨닫게 된 건지도.

굉장한 장치들이 소설 곳곳에 있는데,

너무나 위험한데,
위험하지 않게 길을 가게 해주는 소설.
나의 문장의 거울이 되어준

고맙기만 한 소설.

죽음의 수용소에서

 1997년 중학교 1학년 때였다. 책과 나의 만남은 언제나 나를 어디든 가게 했다. 아무도 해주지 않은 말을 들을 수 있었다. 책을 통해 내가 그때 들어야 할 말을 들을 수 있었다. 그래서 문장들은 나의 카오스적인 뇌를 잠시나마, 풀어 놓고 있을 수 있는 큰 나무 기둥 같았다. 또 든든한 버팀목이자. 든든함의 깊은 나무뿌리였다. 내가 그 책에 얼마나 집중을 했는지 기억이 난다. 1995년 9월 5일 1쇄가 발행되었다. 1997년 열네 살에 1번을 정독했고, 2022년에 서른아홉에 다시 읽게 되었다. 이 책을 다시 읽게 되리라곤 예상을 못 했다. 나는 빅터 프랭클을 통해 로고테라피를 배웠다. 신이 주신 선물과도 같은 책이다. 중학교에 가면서 삶의 회의를 느꼈고, 무엇인가 내가 태어난 이유를 찾는 게, 태어난 이유라고. 일기에 적었다. 이유를 찾다가, 이 책을 만났다.

 지금 와서 생각을 해 보면,

 신께서 나의 방황을 아시고, 미리 계획한 일일 수도 있다. 여하튼, 삶의 의미를 찾게 해준 고마운 책, 정신적인 길잡이가 되어주고 나를 살아나게 해준 책. 『죽음의 수용소에서』를 읽으면서, 내 인생에서 유일하게 만난, 바닷가 속의 오직 유일한 한 가지인 보물을 찾은 것 같았다. 로고테라피는 심리학의 한 분야인, 의미치료를 중점에 두는 기법이다. 너무 일찍 성숙해 버렸던 나에게 이 책은 더 성숙하게 만드는 시점이기도 했다. 하지만, 다른 방법은 없었다. 노트에 기록했던 시들도 지금은 다 사라져 버렸다. 나에게 수없이 했던 말들이며, 그것들은 이미 많은 시간을 통해 나에게 왔다가 간 하나의 흔적이었지만. 나는 그 흔적들 덕분에, 삶의 의미를 다시 찾아가고 있었다.

니체

중학교 2학년 때,
니체는 친구였다.

니체는 당시 신이 없음을 알았다.

<u>누가 니체의
깊은 헤아림을 헤아렸을까.</u>

나에게 니체가 없었더라면.
무슨 일이 생겼을까.

혼자서 시와 심리학과
철학을 탐닉하던 시기.

나는 니체를 의지하는 치료사로 생각했다.

니체가 있었기에
니체로 인함으로

나 자신을
이 세상의 구성된 물질계의
멤버로 여길 수 있었다.

그건 크나큰 축복이었다.

마니또 (∞)

　고등학교 1학년 때 담임 선생님께서 우리 반 친구들과 마니또를 하자고 하셨다. 내가 뽑은 친구는 누군지 기억은 안 나지만, 나를 마니또로 뽑은 친구는 기억이 난다. 드디어 마니또의 편지가 도착했다. 어린이 글씨로 쓴 편지가 책상에 놓여 있었다. 나는 마니또를 찾지 못했다. 우리 반 친구들을 하나씩 생각하며, 내 마니또 수호천사를 찾았지만. 정말 알 길이 없었다. 드디어 나의 수호천사가 밝혀지는 날, 유독 눈도 크고 귀여웠던 친구였는데, 그 친구가 나의 수호천사라는 것을 알게 되었다. 정성을 들여 써준 편지며, 자신이 천사라는 것을 감추고, 나와 이야기하며 한 모든 것들이 고마웠다. 그 친구가 편지를 보내기 전에, 좋아하는 가수를 물었고, 이름을 말해주었다. 왜냐하면, 누구도 못 하는 일을 했다고 생각했고, 통일 문제, 사회의 문제점 등을 노래로 승화시켰기에. 어릴 때부터 일반인과는 다르다고 생각했다. 마치 지구의 영웅처럼, 굉장히 대범한 사람이라고 여겼다. 친구는 내가 한 말을 기억하고, 태지 오빠의 얼굴이 보이게 해서, 편지를 보낸 거였다. 언니가 팬클럽이라면서, 콘서트를 다녀온 이야기를 몇 번이나 진지하게 해주었었다. 나에게 말해주고 싶었던 마음이 감동이다. 고등학교 2학년 때에는 그 친구와 다른 반이 되었다. 자주 얼굴을 못 보았다.

　우리는 고등학교를 졸업했고, 이윽고 많은 시간이 흘러갔다. 그 친구를 우연히 이십 대 초반에 지역의 건물 앞에서 만났다. 반가웠는데, 너무 야위었다. 나는 그게 마음이 쓰였었다. 길거리에서 만난 친구는 명함을 주었다. 그 뒤 가끔 서로 안부를 주고받았다. 친구는 서울에 놀러 오라고 했다. 나는 일을 하게 되면서 분주해지고, 서울에 가지 못했다. 친구는 또 서울에 놀러 오라고 했지만, 역시 가지 못했다. 그리고 몇 년이 지났다. 우연히 음식점을 갔고, 그 친구를 만났다. 만나자마자 너무 미안하기만 했다.

서울에 못 가서 미안하다고. 나는 몇 번이고 말을 했다. 친구는 밝게 웃기만 했다. 그게 그 친구의 마지막 모습이었다. 친구는 몸이 아팠는데, 나아졌다가. 다시 아프게 되어 정리하려고 고향에 내려온 거였다. 그날 우연이듯, 운명처럼. 나와 마주쳤다. 엄마와 동생과 마주침 속에서. 사랑했던 사람들과의 눈빛 속에서. 안부의 인사를 나에게도 미리 하고 있었다.

그 시절의 수호천사. 그리고 영원한 나의 수호천사.

같은 반이었을 때, 나의 휘둥그레지는 눈과 놀라는 반응이 재밌었는지, 친구는 정말 장난을 잘 쳤다. 나와 친해지고 싶었던 것 같다. 그래서 더 장난을 잘 쳤을 것이다. 또, 나에게 마음속에 담아둔 비밀 이야기도 털어놓았다. 그땐 정말 몰랐지만, 나에게 가장 가까이에서, 나와 가장 가깝게 있어서, 대화 속에서 주고받는 이야기들이 그 친구에게는 아주 큰 일이었다는 것을.

첫 시집 『펭귄과의 사랑』을 엮을 때,
친구를 생각하다 쓴 시를 시집에 넣었다. 시를 쓰면서도 울고 쓰고 나서도 울었다. 첫 시집 116쪽에 있다. 학부 때 쓴 시여서, 스승님께도 보내드렸었다. 나는 그랬다. 잘 쓴 것도 몰랐고, 못 쓴 것도 몰랐다. 그냥 시를 쓰면 스승님께 보여드렸다. 그 많은 시를 읽어주셔서 감사했다. 언젠가 스승님께 시의 퇴고에 대해 문의를 드렸다. 언제까지 퇴고를 하는지. 스승님은 죽어서도, 라며. 나에게 명언을 남기셨다.

내게 영원히 빛니는 나의 수호천사를 생각하며,
너의 마음을 떠올리며, 나의 마음을 쓰며.

여고 시절

고등학교 교과서 앞에 시를 적어서 책을 투명한 비닐로 포장을 했다. 순전히 내가 좋아하는 시와 에세이, 노래 가사, 소설, 글에서 내가 마음에 드는 문장들에서, 그것을 직접 손으로 옮겨 쓰는 작업을 했다. 자주 보다 보니, 시를 외우기도 했었다.

입으로 직접 문장을 읊어보는 느낌도 뭐랄까.
언어를 말함으로써 재탄생되는 느낌이랄까.

다양한 말의 감각을 체험했다. 인문 고등학교에 다녔으므로, 야간 자율학습 시간이라는 게 있었다. 끝나면, 어김없이 버스를 타러 정류장으로 가야 했다. 그때, 라디오나 음악을 듣거나, 마음에 들었던 시를 외우면서 정류장으로 향했다. 버스가 올 때까지 시를 외우고, 버스가 오면, 그 시를 다시 외우기도 했다. 버스를 타고 창밖 너머로 흘러가는 바람을 보며, 보았던 하늘도 참 예쁘기도 했다. 버스에서 내려 집에 와서 교복을 벗어 두고, 작은 전등을 켜고, 소설책을 읽었다. 그때 시력을 잃었다. 소설의 문장은 나에게 거대했다. 너무 거대해서, 이 세상에 있는 문자들을 다 모아놓은 것 같았다. 소설 읽기는 내게 사랑하는 음악처럼 다가왔다. 소설을 읽을 때마다. 마음속에 하나씩 꺼져버린 전등이 자라는 기분이었다. 외웠던 시를 생각하며, 소설의 문장을 품고 잠이 들었다. 그렇게 따듯할 수가 없었다.

인디언 썸머

　고등학교 2학년 때, 교복을 입고 처음으로 친구들과 극장에 갔다. 배우들의 연기를 보면서, 나와 우리 반 친구들은 담임 선생님을 떠올렸다. 배우의 연기는 뛰어났다. 남자 주인공은 담임 선생님과 비슷한 외모를 지니고 있었다. 애절하면서도, 깊이가 있는 내용으로 구성된 시나리오였다. 무엇보다 감정선을 잘 나타내어, 그 세계에 있는 것 같았다. 영화가 끝나고, 근처 음식점으로 갔다. 음식을 먹는 시간 속에도 영화 이야기만 했다. 연기는 이렇게 하는 거구나, 하면서. 무엇인가 큰 촉발의 깨달음을 얻었던 오후였다. 유독 주인공을 좋아하던 친구가 있었다. 너무나 착하여서 얼굴이 붉어지는 모습을 한 번도 본 적이 없었다. 가끔 그 친구가 생각이 난다. 써준 편지는 지금도 있다. 마음과 생각이 깊은 친구였다. 방학식이 다가왔고, 담임 선생님께서 갑자기 다른 학교에 가시게 되었다. 선생님께서 일찍 가실 줄은 몰랐다. 나는 교실에서 눈물이 터졌고, 엉엉 우는 내 모습에 선생님께서 놀라셨다. 그 뒤 한 달을 울었다. 선생님께서 우리를 얼마나 사랑하셨는지, 우리 반 친구들은 기억할 것이다. 1학년 영어 시간에 어학실에서 트루먼 쇼 영화를 봤던 추억이며, 사전을 찾으며 공부했던 수업 시간이며, 직접 교재를 만들어주신 정성 어린 마음들이 아련하게 떠오른다. 반 친구들은 스승의 날이 되면, 선생님께 인사를 드리러 갔다. 나는 한 번도 가지 못했다. 선생님은 좋은 분이셨고, 너무나 좋은 분이셨기에 가지 못했다.

i의 예쁨

예쁘고 예쁜 i

i와 i들의 목조 된 건물이
예쁩니다

나는 예쁘다고 말하고
예쁨을 봅니다

i의 예쁨을 바라보며

i의 예쁨을 보며
i를 생각합니다

i i i i i의
i i i i i의 예정된 예쁨

i i i의 계속되는 예쁨의 크기

i의
공과 통통 튕기는 웃음

i의 긴 속눈썹과
i의 긴 눈망울

i i i와
레이어드의 은색 슈즈

i i와 순수한 초록의 배열들

이 시는 i의
i의 시

i의 예쁨의 결정체

i
의 끝이며 시초

프린스와 검정 수트의 i

i가 진행하는 특별한 연출로
이어지는 별의 행렬

    i
   i i
  i i i
 i i i i
i i i i i

오직 i의 예쁨의 왕국

2부

차분함이 바구니에서 굴러다니며

새

이유 없이 그냥 좋은 것이 있다.
특히 자연이 그러한데, 새와 새 소리를
좋아하고, 유심히 듣고 있다 보면,
나에게 새들이 소리로 어떠한 신호를
보내고 있다고 혼자서 생각한다.

새가 지저귀는 말을
알아들을 수 있다면, 새와 친구가 될 수
있을 거라 믿었다. 새벽에 일어나 귀를 열고
새의 문장에 귀를 기울이는 게 좋았다.

어릴 때나, 지금이나 바뀌지 않는 것 같다.

시골에서 태어난 게 감사했다.
나는 도시에 살았어도 새를 사랑했을 것 같다.

새가 있는 곳은 나를 신성하게 만드는
힘이 있는 것 같다. 새소리는 꼭 천사가
고유한 자신들의 언어로, 천사의 말을
한 문장씩 천천히 옮기고 있는 것 같다.

우리가 천사가 되면, 새의 소리를
듣고 해석하고, 새의 언어를
배우고 가르칠 수 있겠지. 새는 여전히
나에게 신비스러움 그 자체이다.

벚, 꽃

벚꽃이 피었던 때였다. 그랬지.
봄이었는데, 벚꽃은 피고 있었는데,

너는 너 스스로 벚꽃인 줄 모르고 있었지,

나는 그게 가슴이 아팠어,
벚꽃이 피면서 들리는 말을, 너는 듣니
혹시 너는 내가 하는 꽃의 말을 듣고 있니,

우리는 벚나무를 지나가면서 저 멀리 두고 온
그림들이 벚꽃잎과 마주 보고 있었다.

희한하지. 누굴 만나도
그 사람 얼굴 위에 너의 얼굴이 앉아
있는 것을 봐. 너는 아닐 텐데. 너는
정말 아닐 테지. 그래. 그 사람들은 각각의
사람일 텐데. 나에게는 모든 얼굴이
너의 얼굴로 있고.

너의 얼굴이 구름에 있고, 너의 얼굴이
손등에 있고, 책을 펴면 너의 얼굴이 글자와
글자 사이에서, 피어오르는 것을 보네.

설마 네가 나의 책 사이에 다녀간 거야.
정말 그런지. 참, 희한도 해라.

산책하는

걷는 것을 사랑한다.
두 다리가 있는 것도 감사하다.

걸을 수 있다는 기쁨은 크다. 걸으면 하늘이
투명한 동공 속으로 들어오는 것 같다.

그래서 나와 하늘이 하나가 되는 것 같아서,
걸을 때는 마음이 가벼워진다.

걸으면서 생각을 정리하는 것도 유익하다.
걷고 있을 땐, 걷는다는 것을 자각하기보다

걷는 감각에 초점을 맞춘다.

또, 걸으면서 나무를 보고, 나뭇잎과
숲을 통해 마음속에 있던 찌꺼기가
하나씩 사라져가는 것을 본다.

누구에게 위로받기보다, 나 스스로
나를 위로하고. 자연 속에서 나는 가장
나다운 사람이 되는 것. 내가 본래의
나였음을 기억하게 하는 것.

처음부터 나였음을
잠시 잊었음을 다시 기억하게 되는 것이고.

바울의 서신서

나는 바울이 쓴 편지를 좋아한다.

자주 읽으려고 하고, 노트에 옮긴다.
바울이 쓴 글을 읽고 적으면서,
바울의 마음을 조금이나마 헤아려본다.

바울은 그리스도를 만나 눈이 성치 않았다.

정확히 눈이 어떻게 아팠던 걸까.
정황상 당시에 다 기록하지 않았던

남겨둔 부분들을 보려는 나의 눈.
나는, 이 눈을 갖고 싶다.

말일에는 다 깨닫게 된다는데.

사람이 신이었던 걸 기억하고 신처럼
살아간다면 어떤 일이 생길까.

별에서 온 그대의 도민준처럼,
시공을 초월하여 살아갈까.

원반을 타고, 공중을 자유자재로 다닐까.

우리가 살다 보면, 보게 되겠지.

갑상선

스물다섯에 친구가 내 목을 보더니, 갑상선 같다면서 병원을 가보라고 했다. 당시 친구는 간호 공부를 하고 있었다. 이제 막 시작했던 공부인데, 정말 간호사 선생님이 되어, 진단을 했다. 낯설고도 나오는 먼 단어였던 '갑상선'이었다. 돌이켜보니, 새해를 맞이하기 전에 몸이 부단히 힘겨웠다. 기력이 부족한 것 같아 한약을 먹었지만, 몸에서 받지 않아 먹지 못했다. 밤에 잠들기 전에, 너무 목이 말라서 포카리스웨트 한 병을 마시기도 했다. 그리고 집에 오면 쓰러지기 일쑤여서 단순한 피곤으로만 여겼다.

문밖에서 문을 두드리는 줄 알고,
나가보니 인기척이 없었다.

바람도 그렇게 노크 소리를 크게 내기엔 과장이라 여기며, 나는 방으로 돌아왔다. 그런데 또 문을 두드리는 쿵쿵, 소리가 났다. 현관문을 열어보니 아무도 없었다. 그건 내 심장 소리였다. 병원에 가서 진료를 받았다. 갑상선이 많이 안 좋은 상황이었고, 부정맥이 있었다. 갑상선과 심장약을 먹으면서, 그저 살아 있다는 것만으로 감사한 나날을 보냈다. 숨을 쉬고 있다는 그 자체만으로도.

네 갈래의 직육면체

슬픔을 알며 걸어가는 길엔 가로와 세로의 같은 높낮이로 이어지는 네 갈래의 직육면체가 있다. 우리는 이 슬픔을 얼마나 말해왔던가. 저기. 그 슬픔이 있다. 우리 함께 직육면체의 크기를 가늠해보자. 그러나 아무도 슬픔을 읊지 않았다.

읊은 슬픔은 없었다.

이건 세 가지의 슬픔이다. 첫 번째는 양의 눈물에 가려진 슬픔이다. 양과 그 양을 둘러싼 양의 색들과 양들의 진홍색의 울음.

두 번째는 걸어가는 자의 어깨에 지고 있는 빛의 슬픔이다. 그는 어깨에 빛을 지고 가는 자, 빛을 짊어지고 또 짊어지고 빛 위에 빛, 그 위에 셀 수 없는 빛 가운데 있는 우주의 색들, 두 가지 슬픔을 읊조리기엔 우리는 너무나 먼 길을 가야 했다.

마지막 슬픔은 남은 자들에 대한 어둠에 가려진 슬픔이다.

세상엔 지금 어둠과 그 슬픔이 있지만, 슬픔이 점점 줄어들고 있음을 본다. 그럼에도 불구하고. 그 어둠 속의 슬픔은 농도가 짙다. 짙고 짙어지는 크기가 점점 더해가고. 또. 짙고 짙어서, 하늘까지 닿고 있다. 이 슬픔의 형체는 무형이기도 하고 유형이다.

수학 천재 1

이 천재는 가방에 축구공과 수학책을 갖고 다녔다. 그해는 유독 어린이들과 즐겁게 보냈다. 스물여섯, 그때의 날들은 시간이 가는 줄을 모르고 살았다. 월급을 받으면, 우리 반 어린이들에게 지우개도 사주고, 떡볶이도 직접 요리를 했다. 그게 그해 여름의 낙이었다. 언젠가 버스를 탔는데, 수학 천재 1은 고등학교 교복을 입고 있었다.

<u>나는 가끔 상상 놀이를 즐기기 위해 차를
운전하지 않고, 버스를 타고 다녔다.</u>

버스를 탄 날 수학 천재 1을 만났다.
나는 멀리서 수학 천재 1을 보고 있는데, 나를 알아본 수학 천재 1은 크게 인사를 했다. 반갑게 인사를 하고, 벌써 크다니, 혼잣말을 속으로 하고. 내심 뿌듯했다. 성격도 좋고 운동도 잘하고 공부도 잘하고, 못 하는 게 없어 보일 정도였다.

글로 쓰다 보니,
하나둘 나를 스쳐 간 어린이들의 모습들이
지나가고 있다.

시간이 지나서 또 만나면, 어느 장소에서든지 학생들을 만날 수 있겠다. 생각만 해도 기쁜 일이다. 나를 믿고 나의 말을 믿어주고. 나의 생각을 믿어준 학생들을 어른이 되어서 만나면, 너무나 반가울 것 같다. 다만. 이름과 얼굴이 불일치를 이루더라도, 반갑게 맞아주었으면 좋겠다

뇌에서 꺼낸 임사체험

그날이 그날이라면.

이상하게 오늘일 것 같은 예감을 받았다. 스물일곱의 어느 저녁이었다. 한겨울인데도 나는 더웠다. 몸은 이미 내 몸이 아니었다. 온몸이 고장이 난 것 같이 이상하리만큼 이상했던 밤이었다. 진통제를 먹어도 몸에서 영혼이 튕겨 나가는 것 같았던 밤. 영혼을 다스려야 했다. 육체를 더 지치게 만들기 위해 병원 앞 운동장을 뛰었다. 숨소리도 조용하게, 묵묵히 뛰었다. 어릴 때 뛰었던 운동장같이 포근하고 따듯했다. 열 바퀴나 뛰었을까. 지치게 하면 잠을 잘 수 있겠다는 생각이었다. 몸에 조금씩 열이 났고, 병실로 돌아왔다.

고통을 조금 표현하자면,
어쩌면, 오늘 죽을 수도 있겠다, 했고. 세상에 있는 모든 송곳이 나를 찌르고 있는 정도의 아픔이랄까. 나도 모르게 마음속으로 기도가 나오기 시작했다. 눈물이 시트에 쏟아졌고, 나는 살기 위해 기도를 했다. 그러자 내가 이제까지 내가 살았던 장면들이 하나씩, 속도감 있게 지나가는 것을 보았다. 처음에는 그것의 깊은 의미를 몰랐다. 분명 내 인생이 뒤로 가고 있는 것을 보게 되었다. 나조차도 기억을 잊었던, 내가 살면서 뇌와 몸과 영혼에 차곡차곡 쌓아두었던 장면들이. 그리고 현재의 순간부터 점점 나이가 어려지면서, 유치원 입학하던 날까지 오게 되었다.
갑자기 장소가 바뀌었다.

언덕이었다.
한 사람이 등에 나무를 지고 가고 있었다.
그런데 나무가 컸다. 컸음에도 큰 나무를 지고
가는 등이 너무 넓었다. 그 나무는 십자가였다.

그분이셨다.
그 장소는 골고다 언덕이었다.
그분의 얼굴이 너무나 빛났다.

그저 빛 자체여서 보기에도 너무 눈이 부셨다.

순간 내가 겪고 있는 고통을 생각하니,
십자가에 비하면 아무것도 아닌 것 같았다.

그러면서 그동안 내가 그분이 우리를 사랑해서 십자가를 져 주시고, 우리를 구원해 주신 구원자이고, 사랑의 실체라고. 이야기했던 말들이 그저 허공에 떠서 가로지르는 말뿐이었다는 것을 알게 되었다. 나는 정말 십자가의 그 고통의 사랑을 통해 사랑받은 사람이구나. 내가 지금 거의 죽기에 이르렀는데, 그분은 어떻게 그렇게 밝은 얼굴로 담담하게 십자가를 지고 가셨을까. 그 고통과 나의 고통이 대비되자, 말을 잃었다. 또 그것을 바라보는 신의 마음은 어떠하셨을까. 그걸 생각하니, 숨이 헉, 막혀버렸다. 긴박한 상황에서도 나는 누군가를 생각했다.

밤사이 한 사건이 지나가고,
아침에 이 감정과 이 사랑을 어떻게 말해야 할지 몰랐다.
그런데 왜 이런 일이 나에게 왔을까. 하고.
나는 나에게 물었다.

신은 나에게 꼭 말해주라고 하는 것 같았다.

내가 너희를 얼마나 사랑하는지,
네가 가서 사람들에게
좀 전해주면 좋겠다, 라고.

그의 등을 보여주면서,
나에게 들려주는 영화 속의 장면처럼.

창밖은 하얗게 변하고 있었다.
하얀 눈발이 날리고 있었고,

내 두 눈에 새하얀 빛을 두르고 있었고.
심장에 온기를 갖고.

그 어떤 강렬한 빛을 소유한 채.
나는 다시 태어난 아기가 된 것 같았다.

한 번도 태어나지 않은 아기가,
세상에 발을
내디디고 나오기 위해,

간밤에 나는 다시
우주에서 세상으로 나왔다고 여겼다.

퇴원 후

다 큰 나를
엄마는 아기처럼 씻겨주셨다.

씻을 힘조차 없던 나에게
아가였을 때처럼 따듯하게 씻겨주셨다.

이렇게 사람은 죽음을 준비한다

암흑 같은 병실에서 나는 죽음을 뛰어넘고
죽음을 도래하고 죽음을 이겨내고 있었다.

알 수 없던 의문투성이가
하나씩 풀리기 시작했다.

너에게 가지 못한 일,
마지막을 지켜보며 눈인사를 했던 일,

나는 연습도 없는 시간을 견뎌냈다.

뇌의 구조가 이전의 나와는
다르게 바뀌었다. 쓰던 언어는 없고,

쓰지 못했던 언어들이 뇌를 뛰어다녔다.

긴긴 시간 밝혀내지 못한 의문의 질문이
풀려나가고 있었다.

천사가 주고 가는 선물을 받은 것 같았다.

창틀 너머의 세상은 아늑하기만 했다.

하늘에서도
하늘인 것을 알지 못하면서,
살아가고 애써 직조된 슬픔이 있었다.

눈물이 얼굴을 덮어내고
빛들이 나를 감싸고 있었다.

그때 나는 누군가를 생각했다.

지금 오지 않음을 기억하며
병실에 누워 천장의 하늘을 바라보았다.

그때의 그 하늘은 별들이
정말 예쁘기만 했다.

그 하늘은 내 머리에도 있었다.
나는 하늘과 한 몸이 되었다.

어디를 가더라도
하늘이 있었다.

하늘 그리고 하늘들의
그 누군가 감당해야 할 빛의 눈물이

별들의 몸에서
별들이 몸에서 쏟아져 내렸다.

보이고 보았으며 있고, 있었던.

보라색 운동화를 샀다

퇴원하고 보라색 운동화를 샀다.

걷다 보면 건강해지겠지.
걷다 보면 할 일이 있겠지.

더는 신을 수 없을 때까지 신었다.

걸으면서 살아 있다는 감각을
매 순간, 분과 초마다 했다.

살아 있다는 감각이 신선했다.

더 많은 것들을 보게 될 텐데
잘 마주할 수 있을 거라 믿었다.

보라색 운동화와 신발 끈과
나무와 새, 그들은 나의 친구였다.

퇴원할 때 아빠가 잡아준
따듯했던 손 그리고 2010년의 봄,

혼자 하늘 보기 음악 듣기
책 읽기 그림 그리기 산책하기

그저 행복하기만 했다.

혼자 있기

난 혼자 있는 것을 좋아하고
나 혼자로 잘 지낸다.

너무 많은 시간 사람들과 있다 보면,
나는 내가 모호해지는 감정을 겪는다.

될 수 있으면
시간을 확보해서

나와 나 혼자 있는 시간을
나에게 할애하려고 한다.

점점 내가 타고 있다는
마음이 들 때가 있었다.

설마 내가 촛불도 아닌데,

정말 녹는 것은
내가 아닐 테지.

혹시 녹아버린다면.

나는 이 세상의 구성요소로서
조용한 분자로만 남을 테지.

빨강 머리 앤

내가 좋아하는 앤. 빨강 머리 앤.

소녀의 빨강 머리. 앤. 앤앤. 앤은 나를
꿈꾸게 하는 작지 않은 소녀.

빨강 머리 앤과 초록 머리 앤이 만나면
앤이 늘어난다. 나는 늘어나는 앤이 좋다.

하나의 앤이 아닌.
수많은 앤이 있는 게 좋다.

빨강 머리 앤은 많아진다.
많을수록 더 앤이 적어지겠지.

그러니까 앤은 더 많아져야 한다.
앤은 자꾸 사라질 테니까.

사라져 버리면,
앤은 영영 이별할지도 모른다.

찾으면 앤은 또
지붕을 울타리 삼겠지.

그럼 앤은 길버트와 여행을 떠나겠지.

머리카락부터 숨으세요

나는 언젠가
신께서 어느 한 장소에 한 나라에

태초를 시작한 날과 시간을
적어두었을 거라는 생각을 했다.

그걸 찾아내는 게 누군가 할 일인데.
나였으면 하는 막연한 생각을 했다.

내가 알아내는 게 아닌. 신이 나에게
주는 생각으로 찾아낼 수만 있다면.

그런 능력을 주신다면.
달 위에서 서서 그 문자를 볼 수 있다면.

별 조각을 접고, 별을 모아, 그들에게도
하나씩 그들이 태어난 날을 불러주고 싶었다.

신은 숨바꼭질을 좋아하신다.
하지만 신은 때때로 나타나신다.

우주 어딘가에
은하수 어딘가에는 있을 것이다.

아니면, 당신의 눈썹 아래에 숨겨져
있을지도 모른다.

빨래 도구를 파랗게

세탁기에는 빨래와 함께 구김이 있는 과거의 기억들이 돌아가고 있다. 헹굼과 건조되는 시간은 아름답다. 아름답다는 말을 할 수 있는 마음이 있다. 말을 하면 사라질 것 같아 아껴둔 말이지만, 나는 이제 아름답다는 말을 많이 한다.

구겨져 있던 마음의 크기를 세탁기에 놓는다.
세탁기에는 구김들이 많은 옷에 마음의 여백들이 가득하다. 내가 마치 세탁기에 감춰둔 것 같다. 어릴 때 술래잡기를 하면, 친구들은 나를 찾지 못했다. 키가 자라고 마음도 자라고. 나는 언제나 숨은 적은 없었다. 그저, 나만의 시간으로 지냈는데, 어느새 나는 커버렸고. 어딜 가나 눈에 띄기 마련이었다. 나는 평범하기 짝이 없었는데, 별스럽게 보았다.

그것도 아름다울 수 있다고 여긴다.
나와는 다른 생각들이 세탁 망에서 돌아가고 있다.
정말로 이제는 숨지도 않았는데.

<u>많은 사람이</u>
<u>내가 숨어 있다고 본다.</u>
<u>그만한 착각은 더는 내게 슬픔이 되지 않는다.</u>

세탁기에 설정한 시간만큼 기억은 어디로 가는 것일까. 프로펠러를 타고 가는 것일까. 도착한 그곳에서 또 어떤 기억으로 사용되고 어떻게 살아가는 걸까. 기억이 말하는 작은 요정이라면. 나는 묻고 싶어. 모두에게 내가 만난 모든 이들에게.

편지

편지 쓰는 즐거움이 일찍부터 있었다.
편지를 보내기도 했지만, 보내지 않기도 했다.

또 편지를 써 두었다가 잊고 있다가,
생각이 나서 보내는 일도 있었다.

편지를 쓰고 난 후,
적힌 글자를 통해 받는 에너지가
그대로 남는다. 언어로는
더 표현 못 할 행복감이 생긴다.

내가 썼던 편지들이 나를 찾아올까.

내가 한 말을 다 기억이나 할 수 있을지,
나는 한때에 받은 영감으로서 내려간 글을
내가 쓴 글이라고 할 수 있을지.

문자가 있어서 얼마나 위안이 되는지,

문장부호가 있어서 얼마나 얼마나
나를 살게 했는지.

나를 괄호 밖으로 나가게 하고
해제하는 일이 얼마나 큰 즐거움이었는지.

책과의 인연

책으로 만난 사람들은 정말 자유로움 속에서 만났다. 생각해보면. 그때의 사람들은 내게 잠시 머물렀다가 각자의 생활로 돌아간 새들처럼. 대학교를 졸업하고. 취직하고. 결혼을 했다. 또 하던 일을 그만두고 다른 분야로 두각을 나타내기도 했다. 그땐 자주 만났지만. 지금은 오히려 연락이 닿지 않거나 전혀 소식을 모르는 사람들도 있다.

가끔 그들과 함께 카페를 전전긍긍하며.
함께 모여 책을 펴고 담화를 나누고.

삶의 이야기를 나누던 시기들이 곳곳에 있는 것을 마주한다. 그들은 떠났지만. 나는 여전히 이곳에서 지내고 있다. 그래서 가는 곳마다 그들의 온기와 얼굴들과 이름들이 상기된다.

고마운 기억들이 곳곳에 있다는 것.

고맙고 감사한 일일 거다. 또, 흐름 속의 흐르지 않음을 볼 때도 있다. 내게 흐뭇하게 남아 있는 기억들도 있다. 혼자서 마음속으로 생각을 한다. 그들에게 내가 하는 생각이 전달되고, 들릴지는 모르겠지만.

그거면 됐지. 그들을 떠올릴 때, 기쁘다면. 뭘.

별에서 온 그대

이 드라마가 방영할 당시,

그때 만났던 인연들과는
꼭 이 드라마를
보고 대화를 기분 좋게 나누었다.

연기는 배우가 대리자 역할을
한다는 의미에서,
시의 화자와 일치하는 부분이 있다.

작가가 하나의 작품을 완성할 때처럼.
시인이 시를 시집으로 완성하듯이.

가끔은 그때의 대화가 유쾌하게 남아 있어서,
떠올릴 때마다 반갑고 언제나 정겹다.

배우의 연기를 보면서
배우에게 연기를
배우고 싶은 마음이 들었다.

목소리도
참 어쩌면 이렇게 담백할까.

시를 낭송해도 좋을 목소리라고,
일기에 적어두었다.

거울

보이는 것은 열린 문. 걸어오는 사람과 나아가는 사람들. 우리는 만나고 말하고 웃습니다. 슬픈 것이 한 개도 없으며, 없어지고 있었습니다. 나는 거울을 잘 가지고 다니었으며. 거울도 나를 잘 따르었습니다.

눈물은 길을 만들고 숲을 만들고 달을 보며 살았고. 세로의 교차점으로 아늑하게 깊어져 가는 것이 내 보기에 좋았습니다. 거울은 말하고 나는 거울의 이야기를 들어주는 사람이었습니다. 거울에도 그려진 얼굴들이 있어 그들을 보는 것은 상상보다 현실을 그리는 붓 같았습니다.

하나의 붓,

그리고 빛으로 이어지는 유리구슬들,
햇빛이 씻어둔 말끔한 무형의 언어처럼. 유리구슬은 바람에 몸을 부딪치며. 세상에게 자신의 말을 전하고 있었습니다.

나는 그 말을 듣는 것이 좋았습니다.

입으로 나오는 말이 아닌. 발화된 문장의 집으로 다가왔고 나중의 고풍스러운 집의 형태가 선명해지는 것도 좋았습니다. 좋은 것은 언제나 궁극의 빛처럼. 눈이 부시기 마련이었습니다.

있으세요

피아노에 있으시면 되어요

건반을 페달을
뚜껑을

악보를
음표를 의자를

있고 싶은 곳에 자유롭게
계셔 주세요

있으니까요

제가
들을게요

연주를 사랑을 마음을

고동치는 손가락의
마디에 있는
울림의 깊이를요

그렇게 있어 주시면 되겠어요

타샤 튜더

"winter fire place"의 음악을 듣는다.
차분해지는 머리카락, 더 더더
차분해지는 콧등 위에 숨, 더욱더
차분해지는 심장, 차분함의 극치인 손끝,
차분함이 바구니를 타고 내려오는 오후.

환한 마음이 밀려온다. 늙게 된다면,
이런 모습으로 늙고 싶다. 그런데 나는
늙지 않고, 더 어려지는 것 같다.

점점, 나는 아기가 되려고 하는 걸까.

나는 아이들의 감각으로 더 살아가는 것 같다.
마음으로는 늙고 싶고, 할머니가 되고 싶은데.

나는 그러지를 못하고 있다. 점점 시간이
지남에 따라 나는 더 새, 아기가 되겠지.

최종적으로는 머리카락도 다시 나고.
뼈에 박힌 세상의 일들이 하나씩 탈골을
이루고서, 새로운 육체가 되겠지.

나는 비로소 나를 벗어나서, 또 다른
사람으로 바뀌겠지. 타샤처럼 아량 넓은
기품 있는 할머니를 꿈꿔보겠지만.

전주 독립영화관에서

타샤 튜더 영화가 개봉했다. 언제나처럼 혼자 영화를 보러 갔다. 살아 계실 때, 다큐멘터리 형식으로 촬영하여, 사후에 개봉한 영화이다. 이 영화는 상상 속의 동화 나라가 아닌, 현실에서 살았던 삶을 보여준다. 영화에서 타샤 튜더는 행복함이 입가에 묻어 있었다. 옷에도 묻어 있고. 찻잔에도 달그락거리는 행복이 주변을 밝혔다. 책도 여러 권 사서 읽었다. 솔직담백한 글들은 이십 대를 행복하게 해주었다. 영화 속의 장면에서 타샤 튜더의 글들이 하나씩 보였다. 정원을 가꾸며, 자신만의 길을 가고 삶을 소소하게 꾸려갔던 타샤 튜더. 나중엔 꼭 미국 버몬트에 가야겠다고 다짐을 했다.

머릿속에 갈 곳이 있다는 생각의 약속을
새겨놓은 감격의 사랑스러움.

결코,
빠질 수 없는 코기와
동화책과 크리스마스트리의 별.

그리고 타샤만의 삶의 철학이 있었다. 혼자 있는 즐거움을 소소하게 보내며, 자신만의 정원을 가꾼 여인. 장미와 작약과 수많은 꽃송이들이 같은 하늘 아래 살아가는 버몬트의 한낮. 강조해도 지나치지 않는, 혼자만의 소소한 기쁨이 그녀의 영화에서도 삶에서도 있었다. 타샤는 언제나 행복했다. 삶에서 자신을 행복하게 해주는 것이 무엇인지, 일찍 알았고. 그것을 실현했다. 그것은 자신이 어떤 것으로 행복해하는 것인지, 자신을 사랑하는 힘에서 시작했을 것이다.

차이티라떼

차이티라떼는 나의 사랑하는 메뉴다.

나는 참 사랑하는 것도 많다.
해. 달. 별. 구름.

당신의 손. 당신의 얼굴. 당신의 말.
그리고 당신의 숨.

가끔은 내가 차를 마시는 건지.
차가 내 속으로 진입하여 내가 차 이상의 것이 되는 것은 아닌지. 차를 마실 때는 나의 호흡이 느려지는 것을 알 수 있다. 차와 나의 호흡이 편안해진다. 마음속에 있던 불순물들이 하나도 남지 않게 된다.

차를 통해 배우게 되는
소소한 깨달음의 행복.

가장 앉기 편안한 의자에 앉아서 글을 쓴다.

내가 쓰는 글에는 자동차가 전진하는 방향 지시등이 깜박인다. 주차선을 지키는 자동차들은 안전한 문단 안에서. 지시등을 끄고. 대기하며. 운전자가 오기만을 기다린다. 나의 문장도 이처럼. 주차할 때쯤엔. 한 편의 글이 차이티라떼의 맛으로 발효되는 일일 수도 있으며.

만트라

만트라를 듣는다.
오직 평화만이 우주에 가득하소서.

그대의 평안과
나의 평안이
우주를 덮고도 남을
평안이

빛나기만 하소서.

수학 천재 2

 스물여덟, 학원 강사로 일할 때였다. 어린이들은 다 천재다. 다만 안타까운 건 스스로 천재라는 것을 잘 인식하지 못한다는 점이다. 수학 경시대회를 준비하고 있었는데, 큰 상을 받은 학생이 있었다. 초등학교 고학년이었고, 평일에 학원에 와서 수학만 했다. 정확성이 일치하여서 별로 가르쳐 줄 것도 없었다. 모든 걸 거의 암산으로 끝냈기 때문이다.

 그런데 한 가지 가르쳐 줄 수 있었던 게
 그나마 있었는데,

 오답이 나올 때를 생각해서 암산하지 않고, 식을 쓰도록 했다.

 특히 도형의 개수를 알아보는 문제였다.
 사각형이 여러 개가 있고 그 사각형 안에 섞여 있는 총 개수를 찾는 부분에서, 틀리는 부분이 있었다. 그래서 조금 귀찮더라도 식을 쓸 것을 말하자, 내가 하는 말을 경청하고 잘 들었다.

 똑똑하기까지 하고 마음도 열린 친구였다.

 또, 전혀 내가 알 수 없는 방법으로
 문제를 푸는데, 더 가르쳐줄 게 없었다.

가은이에게

가은아,
잘 지내고 있을 거라 믿어.

우리 가은이가 써준 편지를 읽으면
늘 마음이 풍요로워져.

답장을 보내주어서
고마웠어.

가은아,
엄마도 건강하시고.
동생도 잘 있을 거라 믿어.

선생님이 학원 그만둘 때,
친구들과 서프라이즈 파티를 해주어서
지금도 좋게 기억에 남아 있어.

고마워. 가은아.

언젠간
다시 만나기를 바라면서.
늘 행복하고
건강하게 잘 있어.

선생님이 또 편지 쓸게

채원이에게

채원아,

전학을 한 이후로
두 번째로 편지를 쓰는구나.

지금은 어디서 지내는지
궁금하기만 하네.

공부도 잘하고
씩씩하게 잘 있을 거라 믿어.

채원이가 전학 갈 때,
선생님이 모모 책과 편지를
써 주었던 게
문득 또 생각나는구나.

선생님은,
미처 준비하지 못한 이별로
마음이 글썽거렸네.

채원아.
항상 잘 있기.

늘 씩씩한 미소로!

예슬이에게

우리 예슬이.
대학생이 되었겠구나.
유치원 끝나고 학원에 왔던 게
생생하게 기억나는구나.
선생님이 학원에서 일하다가
몸이 아파서 그만두었는데,
꿈에 학원에 갔었어.
나오려고 하는데
신발이 안 보이는 거야.
예슬이가 서 있길래
신발이 어딨느냐고 물으니.
신발을 못 주겠다고 했지.
며칠 뒤 학원에서 연락이 왔어.
신기하게도 그 뒤
학원에 다시 가게 되었어.
신발을 못 받았으니
그렇게 되었네.
크리스마스에 케이크를
같이 만들고
눈 오는 날에
눈을 뭉쳐서 눈사람도
만들고 눈싸움도
했던 거 좋게 남아 있어.
예슬아 예쁘게
늘 건강하고 잘 지내.

유치원 선생님께

유치원 졸업사진이 있어서
선생님을 안 잊고 있답니다.

제가 처음에 유치원에 잘 적응을 못했다고
엄마한테 들었어요.

낯선 세계로 들어가는 그 느낌과

가방을 메고
문밖에서 서 있던 것을요.

나중에 저도 생각이 났어요.

선생님,
저에게 친절하게 대해주셔서 감사해요.

제가 평범하면서도,
조금은 달랐는데
우리 선생님은 이런 저를
너무 사랑해주시고

사랑해주신 것을
마음속에 간직하고 있답니다.

나중에 꼭 만나고 싶어요. 사랑해요. 선생님.

1학년 담임 선생님께

선생님, 저예요.

제가 1학년 때였죠.
선생님께서 저를 너무 예뻐해 주셔서
정말 너무너무 행복하고 감사했어요.

저에게,
똑똑하다고 하셨죠.

<u>저는 그 말뜻을 잘 몰랐어요.</u>

참, 얼마 전에 선생님과
닮은 분이 집에 다녀가셨는데,
아빠가 선생님의 아드님이시라고 하셨어요.

선생님 보고 싶어요.
하늘에서도 행복하세요. 선생님.

소풍 갔던 사진을 보면
선생님 얼굴이 있어서
안 잊어버리고, 기억하고 있어요.

나중에 선생님, 또 만나요.
사랑합니다. 나의 선생님.

이시영 교수님께

교수님, 건강하게 잘 계셨지요?
참, 지난번에 보낸 저의 첫 시집을 잘 받으셨는지요? 얼마 전에는 교수님께서 주신 시집을 다시 살펴보았답니다. 읽어보니, 확실히 저를 깨어 있게 하는 시어들이 많이 있었답니다. 시집을 읽으면 잃어버린 저를 찾는 기분이 들어요. 시는 저에게 잃은 저를 찾으라고 하는 것 같아요. 어느덧 여름이 가고요. 가을이 왔습니다. 박용래 시인이 다녔던, 학교 근처 도서관에서 저는 지금 교수님께 편지를 쓰고 있습니다. 박사 공부 시절, 대학원 수업 시간에 김수영, 기형도, 김종삼, 박용래 시인에 대해 배웠던 게 생각이 납니다. 교수님, 시를 가르쳐주셔서 감사합니다. 그 말씀을 몇 번이나 드렸는데, 또 감사한 마음을 전하고 싶습니다. 저에게, 이렇게 시를 잘 쓰는 사람은 처음 봤다고 하셨어요. 그땐, 저는 그 말뜻이 정확하게 와 닿지 않았어요.

제 눈에, 제 시의 좋은 것보다
좋지 않은 것이 눈에 잘 띄기 때문이죠.

교수님께서 해주신 말씀이 나중에서야 엄청난 말씀이었다는 것을, 조금이나마 짐작해 보았습니다. 마치, 부처님께서 해주신 법어의 말씀처럼요. 또 작가의 시간을 사는 작품들은 어떤 세계들을 지나가는 것일까요. 또, 시인으로 산다는 것은 무엇일까요. 저는 이 두 가지를 잠깐이나마 생각을 했답니다. 작가가 만든 작품의 시간을 독자도 살고 있는 것이고. 작가도 작품의 시간 안에서 언제까지나 살아 있는 거겠죠. 작가는 그 예술의 시간을 통해 끝이 없는 세계를 꿈꾸는 자들이고요. 이런 생각을 하니. 제가 더 고개를 숙이면서, 꿈을 꾸면서 썼던 시들을 생각해 봅니다.

얼마 전 저는 꿈에서도 시를 쓰고 있더라고요. 머릿속과 또 생각 속의 시를 쓰기만 한다면 좋겠지만. 시가 되려고 하는 시간을 더 소중하게 여기겠습니다. 그리고 제, 자신 자체가. 시가 되려고 끊임없이 노력하는 시인이 되도록 하겠습니다.

『치유하는 나무 위로하는 숲』의 책을 며칠 가지고 다녔습니다. 제가 나무가 되는 기분이었어요. 녹색의 눈빛과 녹색 발가락, 녹색 발톱, 녹색의 말. 저의 모든 게 녹색으로 변하는 것 같아서, 기분이 상쾌하기만 했답니다. 이제 나무들은 옷을 갈아입고, 여름에 입었던 옷을 서랍 속에 넣어두겠죠. 그리고 이 겨울을 사랑하며. 눈사람의 풍경들을 보겠죠. 교수님도 마음과 몸이 더 푸르고 푸른 날들이 되시기를 바랄게요.

교수님, 찬 바람이 불어오는 계절입니다.
감기 걸리지 않게 겨울을 따듯하게 보내시고요. 항상 건강하시고요. 교수님, 더 시에 매진하도록 저를 부단히 닦아나가겠습니다. 교수님, 시를 가르쳐주셔서 진심으로 감사드립니다.

늘 행복하시고요.
논산에서 두 손 모아 래빗 올림.

아이스크림 씨

안녕하세요. 아이스크림 씨!

잘 지내셨나요? 다행히 잘 지내셨을 거라
생각하는 지금이네요. 낮에 참 비가 왔답니다.

아이스크림 씨,

우산은 쓰고 다녔나요?
저는 몇 방울 맞으며 차를 탔네요.

집에 올 때쯤엔 초승달이 먹구름을 지나
나뭇가지에 반짝이는 것을
구두를 신고 별들과 구경을 했고요.

그렇게 텅텅 빗방울도요.

아이스크림 씨. 가을인데, 겨울이 온 것만
같아요. 저는 오늘 크나큰 일들도 있었답니다.

하지만, 모든 게 그저 아름답기만 합니다.

아이스크림 씨,
내일은 모자를 사야겠습니다.

춥지 않게 따뜻하게 보내세요. 그럼. 또.

캉캉이에게

1
날 보며 꼬리를 흔들고 반겨주던
장난스러운 네 얼굴이 선명해
우리가 처음 마주하던 날
행복을 선물 받은 것 같았거든
학원 수업을 끝내고 캉캉이 보러
오는 길도 무척이나 기뻤고
별들도 내 발걸음을
비춰주면서 너와 같은 짖음을
하는 것처럼 나는 정말 행복함을
마음속 깊이 간직했지

2
그런데 그날은 집에 돌아와 보니
캉캉이 네가 무슨 꿈을 꾸는지
눈을 꼭 감고 있었어
나는 어떻게 할 줄을 몰랐지
이렇게 작별 인사도 없이
캉캉이 네가 떠날 줄 몰랐거든
나와 새들은 너의 눈물을
호두나무 밑에 묻어주었어
내 눈물도 묻고 우리의
아픔도 나무 밑에 묻어주었지

캉캉이의 꿈

구름과 구름 사이에서

해맑은 강아지가
되어 웃고 있었어.

나에게 잘 지낸다고 인사를 해주러
내 꿈으로 놀러 왔어.

그 뒤로
다른 강아지들을
보아도 덜 슬퍼졌어.

고마워. 캉캉아.

하늘에서도
나를 생각해 준 거.

너는 구름과 구름 사이에서 웃고 있었어.

잊지 않고 나에게 귀여운 얼굴을
보여준 것도 고마워.

우리 또. 반갑게 만나.

세공사님께

오늘 나는 당신과 닮은 또 다른
세공사가 있음을 믿었습니다.

당신은 그 세공사를 만나본 적이 있나요.

우리는 만나면 어떤 대화를 나눌까요.
슬픔은 없겠죠. 그럴 거예요.
막연한 기쁨도 아닐 테고요.
더 막연한 기쁨의 끝도 아닐 거예요.

나는 가끔 하늘을 보면,
당신이 지그시 웃던 얼굴이 생각나요.

그 빛 속의 빛들의 눈빛이요.

그곳의 하늘은 무슨 색인가요.
저에게는 온통 민트색인 하늘뿐이에요.

식물은 잘 키우다가
겨울잠을 자고 있음을 전해요.

앞으로는 좋은 소식,
좋지 않은 소식까지도,
모두가 다
당신의 소식이기를 바라면서.

뉴턴에게

　뉴턴 슬프고 슬픈 나의 뉴턴 나는 뉴턴에게 말합니다 하늘에서 보는 사람은 행복한가요 있는 사람이 있고 기대했던 사람도 있을까요 뉴턴 이제는요 말해주세요 나는 언제나 둥글둥글한 시간이 좋았습니다 바람이 날아가는 휘어지는 색이 있었죠 나는 그것을 무척이나 동경하고 사랑했던 것은 맞습니다 하지만 시간이 지났는데도 나뭇가지에 있는 실루엣을 기울이지 못했습니다 그리고 뉴턴 나는 그것을 무엇이라 불러야 할지 몰랐습니다 그래서 다른 세상의 사람들의 생각을 도왔습니다 그러자 시간은 없어질 정도로 빨라졌습니다 시간이 닳고 시계도 닳고 내 영혼도 닳아지는 게 아닌가 싶을 정도였어요 뉴턴 이 이야기의 끝에는 주인공이 나타나지 않는다는 거겠죠 뉴턴은 뉴턴의 세상에 없으니까요 나는 새벽에 발화하는 문장들을 봅니다 천천히 내린 여유가 있는 초 단위의 말일 것입니다 뉴턴, 이제는 내가 텍스트의 색상처럼 세계에 서 있습니다 나는 더는 말하지 않을 거라 여겼던 기나긴 휘어짐을 발화시키고 있습니다 색상의 짙음이 더 푸르게 푸르게만 있습니다 그렇게 있는 것은 앓으므로 알게 되고 마침내 새롭게 피어날 노랑 장미의 오후가 될 것입니다 그 노란 꽃의 오후는 눈송이가 피고 글자가 자라고 하늘에는 글자가 가득한 곳이 되겠죠 그곳의 시간은 점점 더 느려질 것이고 뉴턴이 있는 장소에는 내가 발화시킨 말들이 있을 것이고 그 말들은 다른 말로 또 다르게 변화되겠죠 그럴 거예요 뉴턴 나는 뉴턴에 세상에서 잠시 있다가 잠시 또 있었던 사람처럼, 지금의 말을 뉴턴의 세상에 보내고 있습니다 이 말은 하나의 운동화의 그림이겠죠 또 이 말은 뉴턴도 나를 도왔던 말의 작은 세계이겠죠 언제나 뉴턴이 했던 말에는 침착함이 있었습니다 나는 그것을 확신해요 뉴턴, 그러니 다시 노랗게 피어나 주세요 그곳의 세상에서 다시 둥글둥글하게 살아가 주세요 믿어요 뉴턴

회색 토끼

 회색 토끼가 회색 빗방울을 맞고 회색 웃음을 하고 회색 걸음으로 총총 노래를 부르고 양발을 벗어 신발을 말려두고 머리 위의 모자도 선반 위에 올려두고 소파에 앉아 빗물을 털어내고 새로 시작한 회색 수업을 경청하고 가방에서 회색 노트와 볼펜을 꺼내 회색 다음으로 오는 색을 기다리고 기다리기와 기다림의 두 갈래에서 기다리기는 하고.

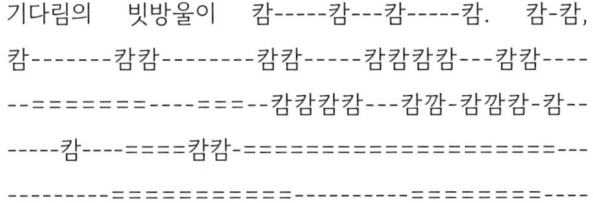

 캄캄 그리고 나서 바뀌는 토끼는 모자를 바꿔쓰고 거리로 나선다 나서며 만나는 사람은 모두 토끼이다 토끼는 나무에 올라가서 열매를 따서 다람쥐들에게 주고 다람쥐들은 도토리를 새들에게 준다 서로 물건을 나눠 쓰기도 하고 서로를 위한 원심력을 발휘하며 책을 읽는다 토끼가 읽는 책은 대여가 불가능한 책이다 토끼 주변으로 모여드는 동물들은 토끼에게 책을 읽어달라고 하고 토끼는 세상에 없는 말로 세상에 없는 이야기를 그들에게 들려준다 동물들은 토끼의 이야기에 값을 흥정한다 토끼의 사물함에는 말 꾸러미가 넘친다 토끼의 눈은 연두색 바람으로 가득할 뿐이다 유리에 다닥다닥 붙은 바람의 손처럼 바람이 층층이 쌓여 같이 날아다니는 것처럼.

사과 향 캔들

걸었지. 노랑 우주의 빛이 하늘에 가득했어.

걸으며 우리는 즐겁게 대화를 나누었어. 그렇게 밝게 웃는 얼굴은 처음: 당신은 그렇게 웃는 얼굴이 어울려. 뿌연 안개가 걷히고 나면 당신은 원두 날개를 달고 당신이 원하는 곳으로 가겠지. 당신은 또 걸을 거야. 우린 웃으면서 또 만나게 되겠지. 그렇게 되면 무엇부터 해야 할지 생각하는 것은, 그저 웃음이 나오게 하는 일일 거야. 나는 당신이 행복하기를 바랄 뿐이지. 그 행복은 내가 당신을 보내준 행복에서 비롯되는 거고. 아, 이 어둠 속 빛의 캔들은 어떻게 꺼야 하는 걸까. 심지가 닳지도 않아. 사과 향, 이 캔들. 캔들에서 사과 향의 꽃이 만개를 하고 있어. 꽃잎에 그을려 있는 사과나무의 그림자가 나타났다가 사라지는 밤이야. 창밖으로는 비가 하프를 연주하고 있고. 달은 어디로 간 것일까. 보이지 않게 빛을 내는 것을 봐. 창문에는 눈사람이 쓴 글자들이 자음과 모음으로 반사되어 지구로 전송되어가네. 있지. 참, 요즘에 바람이 주기적으로 쉬어갈 때가 있나 봐. 바람도 나뭇가지에 앉아 있을 때가 있었지. 세상이 멈추듯이. 고요함의 천국처럼. 당신에게도 이런 시간이 있기를 바라는 마음이야. 찻잔의 고요함: 홍차의 고요함: 걷기의 고요함: 모든 고요함이: 당신의 마음속에 있으니: 나는 당신이 어디에 있든 고요함의 성질과 융성해지는 계절이기를 바랄 뿐이야.

3부

모두가 모자를 쓴 것처럼

날개에 돋아난

천사는 힘 있게 당겨 나의 심장에
화살을 쏘았다. 화살은 확실히 아팠다.
심장이 터질 것 같았다.
다만, 죽지 않을 만큼 아프다는 거다.

심장이 터질 만큼 아프고, 죽지 않을
만큼 아프다. 그래도 꿈이지만. 꿈이라서.
안심하게 되는 새벽의 말미.

꿈이 아니어도 좋은 것들이 많다.
꿈의 나라로 데리고 가려는 이유는 뭘까.
정말 가끔은 내가 꾼 꿈을 더하면
한 나라를 만들 수 있겠다는 마음.

바닷가의 백조가 수영을 하고 바다 위로
트럭이 지나가면서 데이지도 싣고
기러기도 유칼립투스도 뛰어오르는 꿈.

내 머리에 가득한 꿈의 환상이
나를 이끌고 가고 싶은 세계는 도저히
상상조차도 못 할 세계. 함구하기도 그런.

천사의 화살과 심장으로 말하기에도.
그렇다고 발설하기에는 너무나도
복잡미묘한 상상의 세계이기만 해서.

많은 날이 기다리고 있어

눈을 감고

흰 천으로 온몸을 덮어
두었던 모습이다.

처음엔
내가 나인 줄을 몰랐다.

내가 아닌 것 같은 얼굴이었다.

미래의 나,
아니면 과거의 나.

그것도 아닐 경우 현재의 나.

아무튼,
눈을 감고 싸늘하면서,
고상한 낯빛을 하고 있었다.

사람이 죽으면서도
저렇게 도도할 수 있을까.

그럴 정도로.
그럴 수 있을까, 싶을 정도였다.

이브의 신부

어느 선생님께 선물한 시를 이곳에 붙인다.

이브의 신부가 타고 온 스포츠카
신랑의 구두가 바퀴에서 굴러 나오고
구두 안에 낀 둥글고 둥근 반지의 꽃들도
천천히 마중 나와 얼굴을 들고 있고
마디마디 노래를 또박또박 부르고 있다

오늘의 주제곡을 만드는 사람과 멋진
관광객들이 하나가 되어 노래를 부르고
덜컹거리는 목소리에서 신부의 앞날이
환해지는 것을 보았다, 예쁘기만 했다
다들 공기의 무게로 걸어 다니고 있었다

신랑의 구두끈에 묶어 둔 반지를 꺼내
신부의 손가락에 장식을 마치자마자
신부도 부케 안에서 넥타이를 뽑아
신랑의 머리 위에 왕관을 만들어 주었다
예뻤으니, 둘의 만남이 더 길어지고

샴페인 속에 보이는 관객들이 신나게
춤을 추고 멀리서 온 연주자이며
주례자들도 하나둘 마차를 타고 떠났다
촛불 앞에서 치르는 거대한 행사가
알록달록하게 세상의 하루를 만들었다

완전한 휴식

요가가 없었다면 어떻게 살았을지 상상이
안 간다. 요가는 나에게 많은 것을 가르쳐주었다.

처음엔 몸이 아파서 요가를 시작했다.
요가를 하면 내가 좀 더 나은 사람이 되는 것 같았다. 모든 게 그저 다 요가로 이어지는 것 같아서, 행복함이 가슴속에 꽉꽉 채워지는 것을 알게 되었다. 또 뛰어난 구루들을 만났다. 그 선생님들과 함께 요가를 하는 것도 감사했다. 나는 요가를 할 땐 요가, 그 단어 자체가 좋았다.

<u>요가를 생각하고 숨을 쉴 때면,
호흡이 더 편안해지기도 했다.</u>

무엇보다 작은 집착이라도 마음을 깨끗하게 하는 것은, 정말 요가가 나에겐 제격이었다. 그렇다고 큰 욕심이 있었던 것도 아니다.

사바 아사나를 할 때,
선생님께서 전해주시는 메시지에 귀를 기울였다. 이 아사나는 죽음을 연습하는 자세이며, 완전한 휴식을 뜻하는 자세이기도 하다. 마치 하늘에 사는 신선이라도 된 것처럼 삼매에 드는 것도 같았다. 깨어나면, 세상이 내 가슴속에 들어왔다가 천천히, 무엇보다 물끄러미 다시 하늘로 가고 있는 것을 보았던 가을.

반 사각형 자세

낙타 자세는 내가 좋아하는 자세다.

이 자세에는 다른 이름도 붙여주고 싶다. 반 사각형 자세. 후굴 자세를 하면, 내 몸은 사각형이 된다. 뒤로 몸을 젖히면서, 내 안에 있는 불투명한 사각형을 몸 밖으로 내보는 기분이 든다. 요가원에서 만난 사람들은 대개 나보다 나이가 많았다. 좋은 분들이 많았다. 요가, 라는 공통점으로 만나서 거리낌 없이 지냈다. 다들 긴 호흡을 통해 수련에 집중했다. 이 글을 쓰는 지금은, 전보다 체중이 많은 변화를 맞이했다. 달라진 것이 있다면, 명상에 더 중심을 두고, 내면을 더 돌보려 하는 점이다.

나처럼 생각 많은 사람은 몸을 수련함으로,
생각을 잠시나마 멈추고. 자아를 돌아보고
정리하는 시간은 필요하고 좋은 것 같다.

무엇보다, 내 안에 에메랄드빛이 있다는 것을, 요가를 통해 알게 되었다. 그 당시 나의 삶은 요가적인 흐름에 맞게 변해갔다. 내가 일부러 만든 것이 아니라, 자연스럽게 요가에 맞추어져 갔다. 아침 일찍 일어나 요가원에 갔다. 처음엔 한 시간만 수련했다. 얼마 지나서는 두 시간씩 수련을 했다. 이후 집에 와서 식사를 하고, 오후에 학원으로 출근을 했다. 지금 생각만 해도, 강물 속에서 걸어 다니는 작은 양 한 마리처럼 행복했다.

프라나야마

요가는
내 안의 지식이
있는 것을
자각하게 하고

그걸
다시 극복하게 한다.

나조차도
잊고 있었던

낯설지 않게 날아가는
나의 제3의 그림자.

그리고 무의식에 있는 것들과

또 모두에게나
있는

광활한 우주의

행성으로
진입하는

깨끗함의 세계.

<지구>와 같다

나에게
요가 매트는 지구와 같다

나는 푸른 초원의 낙타

내 몸이 우주의
일체라는 것을 깨닫는다

아사나를 통한 알아차림을

사랑의 집합체인
긍정적 자각의 요가

잃어버린 사랑을

평화를

마음과 몸을 통해
자각하는 모든 과정인

그저
사랑스럽기만 한

우주의 파릇한 내 몸의 숨들

나무 자세

나의 균형이
내 몸에서

너의 균형으로.

평평한 발바닥에
나무의

긴

뿌리가 있으니

너는 뿌리로 걷고
너는 뿌리로 살고

굳건하게

너는
어떤 일에도

너만의 균형으로.

심도 있게 요가 수련

만트라를 하고

몸을 늘리고
숨을 마시고

내, 쉬면서

나라는 객체를
호흡하고 자각하는 일.

모두가 나를 만났지만

내가 나를 못 만난 시간을
생각하며 살아가는 것.

매트 위에 나
그리고 매트 위에

나의 영혼

한 몸
한 호흡

길고 긴 한, 영혼.

사트바

시를 쓰던 습작기에, 요가 철학 공부는
큰 도움이 되었다. 요가에 대해 알고 싶었던
이론, 전반적인 배경, 탄생 등에 대해, 조금이나마
많은 선생님과 교수님을 통해 깨우침을 받았다.

요가는 나를 바꾸게 했고.
좀 더 나은 내가 되게 했다.

처음엔 수련으로 그치던 부분들이 정립되었다. 요가 철학 공부를 할 때, 만난 친구가 있었다. 나보다 나이가 조금 있었지만, 우리는 서로 존댓말도 쓰고, 친해져서 자주 왕래를 했다. 나는 습작기를 보내고 있었고, 직업이 따로 없었으니, 친구가 사는 세종을 자주 갔다. 성격도 잘 맞아서 친구 같고, 언니 같았고, 가족 같은 따뜻함이 있었다. 그 친구가 마음으로 늘 잘 있기를 바라고 있다. 나는 하타요가에 몸과 마음과 영혼을 담가 가면서, 시를 쓰며 지냈다. 명상이 깊어지니, 세상에 대한 마음이 소멸하고, 물질적인 삶과는 멀어지고 있었다. 영적인 삶을 더 추구하게 되었다. 또 아사나 이름을 일부러 외운 건 아닌데, 시간이 지나면서 아사나 이름과 특징들이 입에 붙어서, 자연스럽게 나오기도 했다. 어찌 되었든, 요가는 실천 수행이다. 한 교수님께서 요가에 관해 물으셨다. 나는 요가는 좋은 것이라고, 말씀을 드렸다.

우스트라 아사나 비

우스트라 아사나의 비가 내리고 있었다.

전화 버튼 속에서도
바람의 향에서도

요가의 동작과 아사나의 이름이
움직이고 있었고.

있다가 또 없어지는
모습들이 보이기도 하였다.

나의 감각이
요가로 완전히 합일을 이뤄
완성되어 갈 때.

모든 게 지복이기만 했다.

그저
지복이기만 했다.

현재의 비는 어떤 아사나로 내리는가.
지금의 비는 명상이다.
지금의 빗소리는 싱잉볼이다.
지금은
지금으로 내리는 비다.

의자[1)]

1) 의자(衣資)

【명사】
① 옷감.
② 옷의 값.

의자 (倚子)

【명사】
앉을 때, 벽에 세워 놓고 등을 뒤로 기대는 기구.

의자(椅子)

【명사】
사람이 걸터앉을 수 있게 만든 기구. 걸상. 교의(交椅).
-------• 식탁 ~
-------• ~에 앉다.

의:자 (義子)

【명사】
① 의붓아들.
② 수양아들.
③ 의로 맺은 아들.

의:자 (意字) [　찌]

【명사】
〔언〕 '표의 문자'의 준말.

*출처: 표준국어대사전

의자는 신비함의 요소가 가득하다.
의자를 보면 편안해진다. 의자는 작은 이동을
하고 있고, 움직이려는 마음의 동작에 싹이 튼다.

그 싹은 의자마다 가진 원소의
푸른 잎사귀일 거다. 우리가 같이 앉았던
때를 생각하면. 그곳에 의자가 있을까,

<u>의자의 그림자에 의자가 있겠지,</u>

의자의 그림자를 펴 보세요.
의자의 지도가 숨겨져 있을 수도.

그곳엔. 가방도 있고 자동차도 있고.
신발도 있겠지,

<u>의자의 말은 H_2O의 수로 이루어진 의자의 합.</u>

의자는 화석이 되어가겠지,
차츰 그렇게 되겠지,

비와 눈과 바람에도
의자는 꿋꿋하게 뿌연 입김의 창문과
우리의 겨울로, 창밖으로 남겠지,

의자[1]

의자는 그럴 거야.
이제 의자는 의자로 만든 산을 이루겠지.
산에 의자들이 빼곡하게 앉아서
산을 이루고 산들은 의자에 앉을까,
의자에 산들의 그늘이 있을까,

이런 질문을 하는 사람들은 이제 없을 거야.

의자는 산이 되기도 하고
의자로서의 생을 살아가기도 하니까.

나는 의자가 가진 원소에 대해
언제나 의자의 입장을 존중해.

그건 의자가 소유한 의자의 질량과
부피가 이어 만든 숫자들의 조합이며
의자로서의 생을 살아가는 입장일 테니까.

그런 점에서

의자는 언제나 활동성이 있다
의자는 언제나 활발하게 교류를 하고 있다.

기도

눈빛의 힘을 모아
손끝에 두는 언어

이 언어는 흩어지지 않는다

천사가 높이
들고 가는 기도

너의 숨은
너의 것이란다

너의 숨은
너의 기도가 된단다

불멸

나는 생각했다,
시의 불멸. 당신의 불멸.

불멸의 불멸을.

그 불멸적인 불멸의 일면을,
창문에 그을려 있는 계절을 본다.

무수하게 바람이
흔들었으나.

창문은 쓰러지지 않고
불멸로 살아가고 있다.

당신에게 불멸은 무엇일까.

불멸을 쓰러지게
하는 것도 무엇일까.

있다면,

그게 내가 아니고
그게 다른 것이어도

당신은 일어서고 남을 것이다.

사각형 비

비가 사각사각.

비가 사각형으로 내리고 있다. 사각형이 우산 위에서, 달그락달그락. 빗물에 모인 도형들이 키재기를 하고 빗물은 사각형을 담고 배를 만들고, 우주 밖으로 날아가려고 채비를 마쳤다.

나는 내리는 비를 안았다.
내 마음속에 있던 빗방울의 구성품들이 바닥으로 와르르 쏟아졌다.
한꺼번에 안쪽에 있던 내용물이 바깥쪽으로 분주한 움직임을 보였다.

몸과 마음이 무거워짐에서 벗어났다.
나는 그 어느 때보다 활달한 감정을 지니게 되었다. 비가 오면, 나무가 깨끗해진다. 그럼, 나까지 깨끗해지는 감정을 갖게 한다.

비에게 고맙다.

비는 항상 자기의 몸을 이 세상에 내려준다. 많은 이들을 상쾌하게 해주고. 비는 참으로 마음이 크다. 자기 몸을 내어주어 세상에 있는 모든 생명체에게, 상쾌함을 준다. 나도 더 그래야겠다. 비와 같은 존재, 빗소리와 같은 존재가 되어 필요한 곳과 필요하지 않은 곳에도 단비처럼 내리는 비가.

영혼이 눈을

─눈을 떠서 영혼을 봅니다
─지금 이곳에는
─새의 영혼이 있습니다

─책에 쓰인 사람들은
─책의 서사대로
─살아갔습니다

─우리가 옳게 믿었던 것이
─아니었던
─것으로 받아들이는 데는
─시간이 걸렸고
─더딘 생각이 역사를
─더디게 만들었습니다

─하지만 누구의 잘못도 아닙니다

─나는 새의 영혼과 같이 있었고
─나는 새의 영혼의 말을
─받아적었고
─새의 영혼의 소리에 귀를
─기울이기만 하였습니다

─그것이
─나의 일이었습니다

이름을 기억하는 일

동공을 주워 담아 모자에 깃든 시를 꺼내 쓰는 아침. 빗물이 핑. 어제의 하루는 잠든 채 구두 굽에 엎드려 있다. 오늘의 분초는 스탠드의 온기에 가득하다. 눈앞에 지금 코스모스의 물체가 섀도를 하고, 나는 눈을 감고 동공을 다시 끼워본다.

밤새 동공이 자랐다.

동공의 넓이를 조금씩 늘려가야겠다는 생각으로 아침을 시작하고, 오늘 오전부터 꿀 꿈을. 꿀 계획을 확장하기로 한다. 꿈은 나에게 노크를 한다. 내 뇌를 똑똑, 두드려 놓기도 하고. 꿈의 언어로 나는 어른이 되는 것 같다. 꿈의 얼굴에는 표정이 아득하다. 계절이 여러 차례나 지나간 것 같다.

모든 부분이 꿈의 이름으로 불렸던 것은,

이름이 아닌 듯 자라갈 것이다. 자전적인 움직임의 동공도 활력을 얻어 내 안에서 색을 틔우겠지. 각 개인의 특징과 차림새를 기억하는 일은 이름을 기억하는 일보다 쉬워졌다. 이름은 어느 순간 잊히기도 하지만, 그 사람에게 뿜어져 나오는 전체적인 분위기는 잘 잊히지 않기 때문이다. 그러나 이것마저도 이름과 일치하지 않을 때는 매우 곤란할 것이다. 사람을 통해 오는 사랑은 이름으로 모든 걸 대체하기란 아주 작은 부분일일지도.

너의 눈물에 눈들이

있었어,
눈물이 눈에 눈들이 많이 눈들이 몸에 있지. 이상하리만큼 눈들이 검게 말을 한다. 슬프지 않은 빗소리가 쾅쾅쾅,

빗소리가 건물에 내릴 때면
나는 꿈을 접은 종이를 읽는다.

이건 눈들의 에세이가 아닙니다.
이건 눈물의 에세이가 아닙니다.

평평한 하루 그리고 오늘

너무나 지극히 평범하기에 평범하게
굴러가는 하루,

잠깐, 보이는 너의 눈물들이 있었어,

에세이에 등장하는 눈물은 시에 등장하는 눈물과는 다르게 역할을 한다. 우리가 정해 놓은 답이 아니어도, 언제든 다른 방법으로 개척될 수 있는 언어이다.

눈물, 말하기에도,
말을 해도 어려운 말이 아닌.

아름다워서 아름다운

저
멀어져가는 나무를 보면

알음알음

나뭇잎 소리
퍼져가는 그 소리

손에도 닿고
마음도 닿아

우리가 걸었던 자리가
밝게 떠오르는 아침

그그그
그그그그
그그

그림이다

그는
그림처럼 움직이는

신과 기도

신께서 기도를 들어주셨다. 작고 연약한 내가 기도를 드렸을 때. 신은 그 기도를 친히 들어주셨다. 한 선생님께서 안경을 잃어버리셨다. 신께 기도했더니, 방에서 안경이 나왔다는 이야기를 듣게 되었다. 그 뒤로 그분을 본받아 내 힘으로 할 수 없는 일이 생길 때마다 더, 기도를 했다. 기도하면 영혼을 사랑하는 마음이 생겨서, 마음이 상냥해지는 경험을 했다. 조금이라도 착한 어린이가 된 것처럼, 내 마음이 기뻤다. 또, 진짜 가는 길이 어려울 때. 자신의 앞길을 책임져달라고 기도하면, 이루어주신다는 말을 믿었다. 언제나, 신은 기도에 귀를 기울이시는 분.

나를 위해 기도해 주시는 분들도 있다.

그분들을 생각하면, 하염없이 고마운 마음뿐이다. 나는 그러면서 복을 많이 받고 있구나, 하면서. 내가 받는 사랑을 헤아려본다. 그러나 손으로도 마음으로도 눈빛으로도 헤아려보아도. 그것을 셀 수 있기란, 불가능하다고 여긴다. 스무 살에 신이 있음을 몸소 말해주고 베이스 기타를 치며, 기타 치는 법을 알려주고. 내가 아플 때 기도해 준 해병대 승민이. 늘 한결같은 보령에 있는 관성이. 그리고 늘 마음을 써 주시는 유례 선생님. 그리고 수많은 얼굴과 이름들이 있다. 애초에 사랑도 가늠할 수 없는 것처럼. 깨끗하고 밝고 맑게 기도를 하는 마음은 흉내 낼 수 없다. 아무도 그 마음에 대해 정의를 내릴 수도 없다. 이런 사랑과 마음을 담아서, 전해 받은 사람이 다시 또. 기도해야 한다고 여긴다. 바람이 잔잔하게 흐르듯이.

순교자들

그들을 귀하게 여기지 않았다.
피 흘리며 피를 토하며 손가락에 피를 뚝뚝, 흘려가면서 그들은 지금도 기억하고 있다.

숨죽이면서 하루를 살아갔을 순수하고.
고결한 영혼들.

마음과 목에서 끓어오르는 글자들을 토해내며,
그들의 심장에 빛이 조각된 눈물을 본다.

카타콤에 잠든 육체와 빛나는 영혼과
오늘날도 죄 없이, 날아다니는 영혼들은 항성처럼
내게 한 문장씩 말을 건다.

경전에 등장하는 많은 인물이 있다.

그 인물에 대해 읽고 있으면, 나도 그 시대에 살아가는 사람처럼, 집중하고 몰입을 하게 된다. 어쩌면 각각의 경전에는 남보다 내가 먼저 등장하는 인물일지도 모른다. 거울은 남을 볼 수도 있으나, 거울을 든 자가 먼저 거울을 보는 법이다. 경전도 이러하다. 호칭은 당신이며, 그녀이며, 그이지만, 결국에는 그 모두가 '나'인 것이다. 누가 내 이야기를 이곳에 적어놓고 갔는가. 적나라한 나를. 어디를 가기에도 그저 부끄럼을 많이 타는 나를.

카타콤

카타콤은 지하 동굴이다.

그곳에서 신을 섬기고, 음식을 먹고 누군가의 육체가 깊이 잠들면, 그곳에서 눈물을 덮었고. 같이 살고 지냈던 영혼들이 있는 고귀한 장소이다.

한편, 너무나 편안한 생활을 하는 지금 이 시대에, 처음 사랑을 버리지 말라고 당부하신 말씀이 떠오른다. 처음에 뜨거웠던 그 마음. 신기하고 기대되고 소망이 되었던 그 마음. 인생은 풀과 같아서 자주 물을 주지 않고, 햇빛을 쐬지 않으면 금방 시들어 버린다. 그래서 매일 나에게 던지는 말은 처음 사랑을 기억하기.

누구나 처음에는 어떠한가.

새롭고 모든 게 신기하게 여겨질 뿐이다.
신을 만났던 처음을 떠올려보면,

이제 막 인큐베이터에서 나온 새 생명처럼, 세상의 모든 걸 우주라고 여겼을 것이다. 나의 우주, 너의 우주, 이 우주의 공간에는 많은 사람과 많은 영혼이 있다. 희고 흰 하얀 천사들, 그리고 희었다가 다시 희어지지 못한 천사들. 나중에 가면 모두가 하얀 천사가 될 것이기에, 지금 나는 처음의 것을 기억하고, 지금의 나를 부단히 연단시켜서, 잃어버렸던 빛의 날개를 어깻죽지에 새롭게 장착을 하고 싶은 마음뿐이다.

륜의 경륜

경험이 갖는 지혜는 지식을 초월한다

뽀드득 이를 부딪히지 않아도 돼
우리의 경험은 나이테 같기도 하고

때로는 나이테 그림자의 몇 배가 되지

그래 그래 맞아
그건 곧 지혜가 될 거니까
이번 역에서 내린다고 슬퍼하지는 말자
다음 역에서 내리는 이들도 슬퍼하지 말자

슬퍼도 슬퍼하지 않을 수가 있으니

그건, 경험과 지혜의 신이
말해주는 비밀스러운 말일 거야
그래 그렇게 믿어

말은 있고 말은 자라서 열매를 맺고
또 말을 낳고 말이 태어나서 살아가지

우리는 태초의 무엇이었을까
작고 작기만 한 티끌만 한 호흡
작디작은 우주의 작음의 숨
오직 우 우주의 신만이 아시나니

아무튼, 나는 겨자씨

저기요, 나는 겨자씨면 되어요

다른 것은
다 괜찮아요

마음에 깊이 둔 겨자씨
참 듬직하기도 하여라

우리의 겨자씨는
그 자리를 지켜요
그 자리를 떠나지 않아요

시인이 쓴 시처럼,
행과 연 사이에서 이탈하지 않는
바르고 고운 나의 겨자씨!

겨자씨는 말하고 나는 듣고요

같은 마음으로
세계를 드나드는 계절입니다

우산 속 비의 그림이
온통 연둣빛이기만 한

나무의 날개가 펄럭이는 오후를요

거짓말쟁이 조조

작은 요정처럼 생긴
인디밴드 조조

기타를 치고 노래를 만든다

목소리도 오오오오오
기타도 오오오오오

어깨춤을 추는 조조

말없이 조용한
귀가 조용한 조조

마음도 모양도
조조스러운 밴드
장난스럽지만
진지한 소년인 조조

빛을 내는 목소리로

기타를
작게 하기도
크게 하기도 하는

요정 조조

선을 위한 미

잘 되었으면 좋겠다
아픔을 모르면 좋겠다

고통을 더더욱이 말이지

나는
요즘 생각을
수선으로 나열하는 법을

익히고 있어

밤하늘의 구름이
별을 뿌릴 때처럼

칠흑 같은 언어이지만

나는 이런 말이 좋아
부르는 말처럼

입속에
모아둔 가을의 공기처럼

매듭

우린 엮어있지

아주 길고
아주 가늘게

반복이겠지

비를 씻어두기

간밤에 내린 비. 빗소리가 다녀간 곳마다
당신의 눈부심이 아른거리고 있다.

우린 얼마나 많은 시간을 지나갈 것인가.

바람의 어깨에 매어둔 매듭은 풀리고 나부끼고 날아간다. 빗속에 가라앉는다. 바람이 빗자국에 앉아 비가 되는 소리를 본다. 이곳엔 지금 나와 비와 빗소리와 바람의 어깨가 의자에 앉아 있다. 그리고 의자의 영혼은 의자에 앉아 있으려고 한다. 앉는다는 건, 얼마나 추임새가 있는 표현인가. 새가 의자에 날아든다. 나의 옷깃을 지나가고 당신이 앉던 자리를 지나간다. 이별은 아니었고 이후로도 이별은, 이별이 아닌 이야기.

이별은 이별로써 종결지을 수 없다.

그렇기에 더 많은 이별은 거리에 있다.
그 거리에 당신이 서 있고
나는 당신이 서 있다는 것을 자각한다.

혼자 물끄러미, 생각하는 시간은 더없이 아름답다.

작가가 독자에게 주는 글의 선물처럼,
누군가를 위해 사심 없이 보내주는 글처럼.

궁남지에서

세상의 슬픔을
다 이곳에 묻어두면

연못에는 무엇이 자랄까.

그곳엔

어쩌면 슬픔이
사라졌을지도 몰라,

강경 산책

나는 지금 강물에 와 있다.

푸른 물방울 하나, 둘, 셋, 넷을 보고 있다. 강물의 기억이 고스란히 있는 장소이다. 내가 쓴 글이 내 몸에 기록되어 있듯이, 나는 지금 강물에서 당신을 본다. 강물 위의 물결에는, 건반이 있고 건반이 강물을 연주한다. 나는 음악을, 사랑을, 듣는다. 세상에는 많은 영혼이 있고, 그 사람들 가운데 수많은 일이 생긴다.

그러나 우리가 어떠한 일을 마주했을 때,
내 마음이 가장 중요하다는 것을, 잊을 때가 있다.

특히 내가 그랬다.
다른 사람에게 불편함을 줄까 봐,

그랬었기도 했다. 그러면서 나에게는 강하게 나를 단련시키기도 했다. 나를 더 아끼기 위한 산책이 될 것이다. 앞으로는 나를 더 돌보며, 돌아보기로 한다. 그 어떤 것도 내가 될 수 있는 것은 많지만,

그렇다고 내가 모든 곳에, 있어야 할 이유도 없다.

그저 묵묵히 나에게 주어진 일을 하면서,
산책하고, 그렇게 이 세상을 살아가면 되는 것이다.

연둣빛 슬픔

슬픔이 기대하지 않음으로 있을 때의 색은 연둣빛이다

울지 않으려다 흘려버린 눈물 꽃이 뺨에서 똑똑 피우는 것을 보는 일이 있었다 손에 차분한 감정이 가지런히 놓여 있는 일을 목도하는 일도 실재였다 초록이 눈물이 될 때 보여지는 연두의 슬픔을 나는 보게 되었다 거울 속에 있던 슬픔이라고 여겼는데 거울을 깨고 문을 깨고 연두 잎으로 생성된 슬픔이었다

초록의 영혼은 연두의 영혼과 다르지만 같은 슬픔을 지니고 있었다 유전된 슬픔 그리고 스스로가 가진 슬픔이었다 나는 길을 걸으면서 두 슬픔을 조용히 응시하였다 슬픔의 발걸음은 의자의 네 발 가진 둔탁한 슬픔이라고 여겼다 하지만 시간은 지나고 그 슬픔은 네 개의 구성으로 이루어진 완전한 슬픔이라는 것을 알게 되었다 나는 어지간히 그 슬픔이 희석되어 가는 것을 알게 되었다

그 슬픔의 세계는 오랜 시간을 거쳐 지나왔고 또 오랜 시간을 이 네 발 가진 슬픔을 통해 지나갈 것이었다 그러나 사람들은 이 연둣빛과 초록빛 사이에서 자주 넘어지고 쓰러지고 아파했다 나의 오른손으로도 잡을 수 있는 이 슬픔은 빛나기만 했다 슬픔을 어려워하는 자들에게 나는 이 슬픔이 어렵지 않음을 알렸다 그러자 슬픔은 왼손으로 옮겨지고 슬픔은 의자와 함께 산으로 가고 있었다 저기 저 슬픔을 본다

저기 저 슬픔이 있다 빛이 있다 연두이고 초록이다 나이다 너이다 우리이다 늘 있었지만 있다고 생각하지 않은 슬픔이다

보성 녹차 밭

여름이 시작하면, 조용히 다녀오는 곳.
녹차 밭에 있는 꽃잎들은 청정하다.
녹차를 보면서 여름을 지내는 방법을
나 혼자 조용히 묻고 오는 일.

녹차 특유의 향이 코끝에서 맴돌다가,
내가 녹차 밭에 몸을 기대고 있는
청초한 나를 보는 일.

이곳을 사랑하게 될 줄을 몰랐었다.

오다 보니,
정이 들고 정이 들다 보니
이곳은 여름의 시작을 치르기엔 제격.

알맞은 장소의 우산처럼
녹차의 어린잎이
여름의 나를 감싸주는
온통 여름이던 그 시간의 향기.

조용한 녹차 꽃잎들, 떨어진 여름의 찻잎.
녹차 나무에 찻잎을 다시 붙여주었고.

집으로 돌아오면서, 나는 나무에게
떨어지지 않겠디고 다징하게 밀했던 날.

산티아고 결혼식

산티아고로 결혼식을 가요. 사람들은 풍선을 불고, 폭죽을 터트리고 바날라 칵테일을 마십니다. 신부가 타고 오는 구두를 벗어 놓고요. 왼발, 오른발, 사이즈를 굴려요. 신랑 넥타이를 돌돌 말아 하객들의 구름 그늘을 만들어요.

칵테일이 흐르지 않게, 공기 속으로 들어갑니다. 날아다니는 꽃다발을 잡으려는 신부 친구들의 발걸음에서 토끼 발자국이 그려지네요. 사람들 가운데 있는 사람들이 하나, 둘, 각자의 드레스를 입고 나타납니다.

흰 드레스. 검정 드레스. 흰, 검, 흰, 검
피아노의 줄이 늘어나는 오후입니다.

붕붕 타고 다니는 자동차에는 왜 바퀴가 보이지 않을까요. 구름이 의자에 앉아 박수를 칩니다. 하객들의 손가락에는 반지를 하나씩 끼우고요. 부케를 받은 신부 친구의 얼굴은 꽃 속으로 파묻힙니다. 의자에 앉았던 구름은 비를 만듭니다. 쾅쾅쾅, 쾅, 쾅쾅, 번개들이 평행으로 몰려오는 밤이 됩니다.

흰, 검, 흰, 검 낮과 밤이 계속됩니다.
번개들이 드레스에 문양을 만들어 놓습니다.
모두가 늙지 않고 젊은 모습으로 살아있고
피아노 줄은 줄었다가 늘어나기도 했답니다.

은진미륵 관촉사

걸어 다니는
철쭉과 진달래와
어린 스님들은 땅을 밝힌다

하늘에 소원 등을
띄워놓는 사람들이 있고

관세음보살을
외치며, 불상으로

귀의하는 나그네가 있다

바람도 햇빛도
구름도 나무도

조용하게 불상으로
뛰어가고 있다

빗방울도 우산을 접고

나의 미소도 함께
그곳으로 날아가고

다 그들을 보며
연신 웃음을 짓는다

책방, 어쩌다 산책

논산의 책방에서

오늘은
책을 낭독하는 밤

시인의 말과
시들이

책방을 가득 모으고

나는 앉아서
시를 읽고 있었다

다가가기에도

참 따듯해지는 시어들이
두 볼을 비비고 있다

온기가 꽉, 찬

세상의 불빛이
이곳에 다 모여있는

저녁의 봄의 배경

탑정호수 구름

구름이 구름을 낳아서
많은 구름을 끌고
그 구름들이 구름을
비로 만들고
해로 만들고
하얀 눈으로도
빚고 만들어서
사람들에게 차분하게
나눠주고 이처럼
하양 구름은
해야 할 일도 많고
걸어가야 할 일도
모자를 쓸 일도
우산을 쓸 일도
더 더더 많다
나는 구름이 있는
길로 떠난다
<u>나도 하양 너도 하양</u>
우리 다 같이
하양을 말하고
하양으로 지내고
하양처럼
하양으로 있기도 하고
하양으로
<u>하양이 되어간다</u>

딥씨 -선샤인랜드 근처 카페

여기는 딥씨 커피와 케이크와
사랑이 창문 안과 밖으로 있는 곳

사람들이 걷는 걸음마다
웃음이 새어 나오고 향기가 불어오면서

찻잔에서 이야기들은 서로 웅크렸던
몸을 일으켜 세우고 주차된
자동차의 그림자들이 드나드는 곳

구름의 선명한 기울임이 카페의 소파에서
다양한 각도로 자리 잡는다

햇빛이 발걸음의 사진을 촬영하며
예쁘기만 한 그림들이
나뭇결로 전시되는 공간 딥씨, 라고.
혀끝에서부터 조용하게 말하면

나도 어딘가 모르게 깊은 커피 향처럼.
그윽한 사람이 되는 기분.

Deep °C 그리고 나의 깊은 계절이
푸르스름하게 짙어지는 이곳.
Deep °C 그리고 모두의 Deep °C

고성

고성을 다녀왔습니다
다람쥐도 겨울잠을 자고
나무 위로 잠이 깨고
꿈을 뒤척거리다가
나를 반겨주었습니다
소나무들은 머리카락을 날리면서
어린 소나무들에게
잎사귀에 필라멘트 하나씩을
꽂아주느라 분주했습니다
나는 걸었습니다
내게 걸어가는 건,
당신을 생각한다는 말입니다
나는 또 걸었습니다
온종일 나는 걷기만 했습니다
구름도 나뭇가지에 내려와
걸어가고 있었습니다
새들도 긴 스웨터를 입으며
강물 위를 걷고
강물은 보트 위에서
먼 항해를 떠나느라
인사를 할 수 없었습니다
바위는 푸른 목소리로
산을 지키고
물을 지키고
나무를 지키고 있었습니다

토끼에서 토끼가 나온다

토끼가 토끼에서 나온다
붉은빛 꿈 가득하게
우르르 몰려온다
토끼야,
어디서 무얼 먹고 사니
하고. 부르면 토끼는 없어진다
토끼야 토끼야
나는 자꾸 또
총총 발음을 하게 된다
그나저나
토끼는 왜 토끼일까
여러분은 아셔야 합니다
토끼가
토끼가 아니라는 것을요
전적으로요
토끼는 착합니다
거북이도 착하지요
둘의 경주는 그저 경기이며
그저 한낱 이야기이며
둘의 이야기를
쓰려면 시간이 지금
몇 시일까요
토끼는 거북이고
거북이도 토끼입니다
이건 빨리 아셔야 합니다

둘이 이뤄가는
붉은빛 꿈의 결말을요
절대적으로
쓰고 사는 사람들처럼요
그 사람들은 몸에
토끼와
거북이의 발소리가 있고요
울림으로
저장된 영혼입니다
나는 좋습니다
토끼도 좋고
거북이도 좋고
다 좋습니다

토끼의 시 거북이의 시
모두가
나의 시절이었습니다

붉은빛 꿈 가득한
나날입니다

4부

이름을 명명해 주었다

에밀리 디킨슨을 생각함

지금은 절판된, 흰색 표지로 된 에밀리 디킨슨 시집을 이십 대쯤 한 권 샀다. 운명처럼 서점에서 그 시집이 눈에 들어왔다. 그녀의 시 세계에 압도당하는 것 같았다. 마치 내가 쓴 것 같은 착각이 들 정도로 그녀의 시가 좋았다. 학원에 출근하면서, 가방에 시집을 넣어 버스에서 시를 읽었다. 좋고, 행복했다. 내가 좋아하는 것은 이유가 없다. 한 번 좋으면 거의 변하지 않는다. 다른 것도 대체로 그렇다.

<u>에밀리 디킨슨의 시가 좋은 것도
좋은 것인데.</u>

나는 그녀의 시심을 통해 시어의 침묵을 알게 되었다.
그녀의 내면에는 굉장한 힘과 시심을 가지고 있으면서, 안으로는 자신을 누르고 새어나가지 않게 또 누르고. 부단히도 시를 써서 자신을 달랬다. 어딘가 은밀한 이런 내적 세계가 나와 비슷하여, 전생의 내가 아닐까, 하는 생각을 진지하게 했던 언젠가의 기억.

그리고 시어에 감춘 의미를 내가 찾아내길 바랄지도 모른다고 생각을 했다. 에밀리 디킨슨은 시를 향한 마음이 커서, 누구보다 열정적인 삶을 살았다. 대부분 그녀가 은둔 생활을 한다고 칭하였으나, 디킨슨 자신은 부단히도 다른 이들과 서신을 주고받으면서, 가슴속 깊이 행복함을 지니고, 시의 <u>불멸</u>을 꿈꿨다.

소리 발생기

요가 수업을 마치고 아는 선생님과 탑정호수 둘레길을 걸었다. 걷는 것과 경치를 보는 그것까지는 금상첨화였다. 그러나 주머니에 있던 소리 발생기 한 개가 호수로 빠졌는지, 보이지 않았다. 선생님과 같이 갔던 카페에 전화를 걸어 혹시 거기 보청기와 같이 비슷하게 생긴 작은 물건이 있냐고 여쭈니, 없다고 했다. 다시 호수 근처로 갔다. 눈에 레이저 불빛이라도 나오는 듯, 온통 소리 발생기를 찾고 말겠다는 마음으로, 내 두 눈이 CCTV가 된 것처럼, 잃어버린 물건을 찾아다녔다. 찾지 못했다. 하지만, 찾지 못한 것은 아니었다. 나는 얼마간 귀가 아파 소리 발생기를 착용했다. 의사 선생님께서 귀에 문제가 있는 건 아니고, 달팽이관이 남들보다 크다고 했으며, 전두엽이 발달한 것뿐이라고 하셨다. 이젠 이 기계를 의지하지 않기로 했다. 잃고 나니, 내가 이 기계를 굉장히 의지했다는 것을 알았다. 요가 수업을 받을 때도, 영화관에 갈 때도 그랬다. 어디를 가나 소리 발생기는 마치 보호자처럼, 나를 보호하는 역할을 했다. 이제는 소리가 붐비는 세상에 나를 드러낼 때라고 여겼다. <u>나는 언제나 숨은 것도 아니었지만, 나는 항상 이 세상과 숨바꼭질을 하는 건 아닌가, 하는 생각을 했었다.</u> 결국, 이 기계와 작별을 했다. 나 스스로 세상을 향해 걸어가기 위해 발걸음을 시작했다. 또, 가수 콘서트를 가본 적이 기억에 없지만. 가보고 싶은 생각을 했다. 큰 음악 소리에 깜짝깜짝 놀라는 내 모습도 있겠지만. 기타 소리도 듣고. 목소리도 직접 들어보면 신날 것 같은 생각이 들었다. 그리고 나는 신나는 음악도 좋지만. 명상음악을 좋아하고 피아노 연주곡을 좋아한다. 지금도 충분히 행복하지만. 현장에서 직접 경험하고 감동받는 것도 나에게 꽤 의미가 있을 것 같다. 그래서 앞으로는 발걸음을 더 움직이려고 한다. 어디서나 나를 아는 사람이 나를 만나면. 처음 만나는 것처럼 나는 인사를 할 것이고.

문학관

신동엽 문학관을 자주 갔다.
특히 토요일 오후에 갔다. 평일에는
학원에서 아이들을 가르쳤고, 오전과
저녁에는 일정들이 빼곡하게 있었다.

십여 년 이상 그랬다.
토요일 오후, 혼자서 무엇을 꾸물거리기에
좋은 시간이었다. 그런 의미에서 문학관은
일종의 나만의 비밀 장소였다.

다녀오면, 가슴에 무엇인가 뭉클하게
내려와서, 나를 더 살게끔 하는 감정이 들게
해주었다. 지금도. 시를 쓰게 된 이후에도 간다.

있는 시집과 있는 이름들이 나를
물끄러미 본다. 나는 눈인사를 한다.

많은 글자의 배웅과
사랑의 언어가 나에게 해주는 말을
푸른 눈썹에 담아서, 아무것도 쓰지 않은 채,
집으로 오는 길도 너무나 행복했다.

눈물, 이라는 단어를 잊은 채,
도로에는 시들이 핑핑, 둥글게 핑핑,
둥근 모양으로 길게 길어지고 있났나.

그림책 수업

문예창작학과에 다니면서, 하던 일을 그만두고 책 읽기와 창작에 몰두했던 시기가 있었다. 하던 일이 어린이들을 가르치는 일이었기에 그만두고 나니, 마음이 비어 있는 것 같았다. 그래서 예전부터 하고 싶었던 봉사활동을 시작했다. 학원 일을 할 때는 시간이 안 맞고, 하고 싶어도 못 했던 봉사활동이었다. 지역 도서관을 통해 지역아동센터나 학교에 가서 어린이들에게 책을 읽어주는 거다.

소소한 행복으로 시작한 봉사활동이었고.
사심 없는 봉사활동이었기에,

나에게도 어린이에게도 책을 읽어주는 시간은 뜻깊었다. 봉사는 나를 기쁘게 여기게 하는 요소 중의 하나였다. 당시 많은 그림책과 동시를 읽었다. 많은 책을 읽었다고 해서, 많은 작품을 쓰는 건 아니지만, 봉사활동을 하면서 다양한 독서를 하고 보람이 되었다. 그림책은 나를 상상의 세계로 이끄는 역할을 했다. 어릴 때 읽었던 동화책이 발판이 되었을 것이다. 이런 부분은 시에서도 통용되는 부분이 있다.

훗날, 사심 없이 봉사활동 한 곳에서 우연히 독서와 그림책 수업을 했다. 그것은 아주 우연히 이루어진 일들이었다. 우연을 믿는다. 운명이 아닌, 우연으로 이어진 끈을.

처방전

시를 쓰다가 죽을 것 같았다.
시 한 편씩 쓰고 나면, 온몸이 아플 때도 있었다.

그러나 이건 처방전이 따로 없었다.

그냥 계속 시를 쓰는 수밖에 없었다.
내가 내린 결론이다.

시를 안 쓰고 사는 것보다,
시를 써서 사는 것이 더 나은 것이라는 걸
나는 뒤늦게나마 알게 되었다.

시는 애초부터 싸울 수 있는 게 아니었다.

요약하자면, 시는 항상 시인과 같이 있고
시간과 장소와 어떠한 상황에도 불구하고.
시인을 시시때때로 찾아오기도 하며,

예측 불가능하고 아주 단단하고 힘이 센
강직하게 생긴 살아 있는 생물이므로.
강물에 징검다리를 건너듯
조심조심 물에 닿지 않게 걸어가듯.

시어와 시어 사이를 조심조심 건너가서
쓰게 하는 일인지도 모르는 일일지도.

신춘문예 투고

문예창작학과에 다닐 때, 동기들과 학교 우체국에 가서 시 투고를 했다. 우리는 경쟁심도 없이 그저 시를 투고했다. 나는 이 신문사에 할 테니, 너는 다른 신문사에 하자, 고 했고. 서로 신문사를 비껴가자고 했다. 지금 생각하면, <u>정말 순순했던 시절.</u> 낙방할 것은 전혀 생각도 안 하고, 이미 붙어서 서로 다른 신문사에서 합격할 것이라는 우리들의 상상력. 투고한 시들은 대부분 학교 다니면서, 서로 보여주고 합평하며, 수업 시간에 혈투를 벌인 시들이었다.

우체국으로 가는데, 흰 눈발이 날리고 있었다. 하얗게, 저 멀리서 바람이 불어오고 우리는 즐거워서 웃었다. <u>그저 눈 오는 날, 시를 투고한다는 것</u>도 기뻤다. 이미 우리는 작가라고 여기면서 서로에게. 서로가 서로에게 상처 주지 않는 선에서, 글을 쓰고 합평할 때도 서로의 작품을 존중하며, 존칭을 썼다. 글 쓰는 것처럼, 중요했던 시간. 시를 보내는 봉투에 우표를 붙이며, <u>시를 보내면서 서로가 호흡하던 그날의 호흡, 그리고 흰 눈.</u>

그러면서 낙방을 한 후 공백기를 가졌다.

시를 파헤치다, 그 눈이 땅속에 쌓인 눈이 되고. 다시 하얀 시가 되어 어렴풋하게 지나가고. 다시 오지 않을 투고의 날과 그 시간. 가끔은 문득 그때를 돌아볼 때가 있다. 그때가 아니었으면, 그때였기에. 어쩌면, 나는 더 시와 깊어졌던 것 같다. 세상이 온통 시로 연결되었던 시기였다. 언제나처럼 혼자서 시를 쓰고, 읽으면서. 목소리로 발화한 말보다 글자가 보여주는 문장의 말을 더 사랑하였다.

즐거운 나의 집

습작기엔 밤을 새우기도 하고.

자연스럽게 내 얼굴은 마르고, 마음도 마르고, 몸도 마르고, 모든 게 말라가고 있었다. 공지영 작가님께 사인을 받으면서 찍은 사진을 보면, 너무 내 얼굴이 작고 마른 모습이다. 열심히 시를 쓰고 있었다. 시가 좋아서 시작한 공부는 정말 나의 많은 것을 바꾸게 했다. 어릴 때, 텔레비전에서 뵈었던 작가님께서 논산에 오신다는 이야기를 듣고, 지금은 시를 쓸 때가 아니야, 하면서. 그동안 사서 읽었던 책을 모아 강연장으로 갔다. 강연도 너무 좋았다. 강의를 마치고 사인을 받을 때, 나는 맨 뒤에 줄을 섰다. 누구를 만나러 가는 성격은 못 되고, 가더라도 손에 꼽을 정도인데. 작가님은 너무나 아름다우셨고, 여전히 지성인으로 다가왔다. 드디어 내 차례가 되고 사인을 받으며, 솔직히 작가님께 말씀드렸다. 지금 투고 기간이고, 작가님을 뵙고 싶어서 강연장에 왔다고 하자, 작가님은 조용히 한 말씀을 하셨다.

"도움이 필요하면 언제든지 말해요."
그 말이 꼭 신께서 나에게 해주시는 말씀으로 들렸다.

<u>누군가의 말씀이 나에게.</u>

<u>시를 더 감사하게,</u>

<u>쓸 수 있게 한 원동력이 되었다는 것도 너무나 감사한 일.</u>
<u>그리고 감격스러웠던 그날.</u>

더 가벼워지기를

석사 논문을 제출하러 학교에 가고 있었다. 모르는 전화를 받았다. 내 작품이 논의 중이라는 거였다. 그런데 공동 수상을 할 수도 있는데, 괜찮다고 여겨 긍정적으로 답변을 했다. 학교에 도착해서 소설 교수님을 만나뵙고, 논문을 제출하면서 이 소식을 알렸다. 그리고 얼마 후 다시 출판사에서 전화가 왔다. 당선되었다면서.

나는 여러 차례 투고해도,
당선이 되지 않았었다.

내가 쓴 시는 습작기 때부터, 대중적인 시가 아니었다. 이 문예지에 보낼 때는 마음을 완전히 비웠었다. 시를 낸 것조차 잊고 있었다. 등단한 문예지에 보낼 시는 아예 파일조차 따로 저장이 안 되어 있었다. 출판사에서 나에게 시를 보내 달라고 했지만, 나는 다른 시를 보냈고. 결국엔 출판사에서 시의 제목을 보내주셨다. 시는 10편이었고, 〈새의 얼굴〉로 상패를 받았다. 택시 기사님은 알 수 없는 곳에 내려주셨고. 시상식에 한참이나 늦었다. 죄송한 마음뿐이었다. 시상식에서 공동 수상자분은 끝내 보이지 않았다. 나는 또 큰 죄라도 지은 것처럼. 마음이 무겁기만 했다. 그분이, 이 일로 인해 더 시를 붙잡기를 바라기만 했다.

치킨

이젠 치킨을 잘 먹지 않는다.
한 선생님께서 치킨을
사주겠다고 했지만 거절했다.
불쌍해서
못 먹는다는 내 말을
들으시고는 물으셨다.
그럼, 쌀은?
그래 맞지. 쌀도 있고,
상추도 있고. 파프리카도 있고,
당근도 있고, 빵도 있고,
토마토도 있고, 상추도 있지.
그래. 너무 많이 있지.

습작기에 예민해져 있을 때,
배가 고파 달걀 요리를
해 먹으려고 프라이팬에
달걀을 깨뜨렸다.
흰 대지에 노른자는
지구인들처럼 보였다.
그리고 그 안엔 병아리가
울고 있는 것 같아서
나도 부엌에서 엉엉, 거리며
한쪽에서 삐악거리다가
결국, 달걀 요리를 하지 못하고
먹지를 못했다.

첫 시집

컴퓨터에 저장했던 시가 사라졌다.

깔끔하게 어디로 갔는지.
그들은 별이 되었는지, 꽃이 되었는지.

종적을 감췄다. 마치 시는 쓰이고.
녹아 항성으로 사라진 흰 눈처럼.

어디론가 떠났다.
주소지는 알 수 없었다. 찾기란 불가능해 보였다.

쓴 시들은 마치 시인을 배반이라도 한 듯이.
등마저 보이지 않게 아무런 기별도 없이 떠난 것이다.

침착해야 했다. 대학원 과정 때,
수업 시간에 발표한 시들이 생각이 났다. 한 교수님께 연락을 드렸다.
다른 선생님이 가지고 있을 테니, 그쪽에 문의하라는 거셨다.

그 선생님은 박사 면접도 같이 보고
대학원 시절에 같이 공부한 학우였다.

전화를 끊고, 서 선생님께 전화를 걸었다.
수업 시간에 발표했던 내 시들을 갖고 계셨다.
핸드폰에 저장해 둔 시를 보내주신다고 했다.

그리고 대학원 공부 때 만난 다른 선생님께도 문의하니, 합평하고 적었던 시를 사진으로 찍어 보내주셨다. 고맙고, 감사한 마음뿐이었다.

또, 습작기 때 쓴 노트를 꺼냈다.

필사한 노트와 흘림체로 쓴 시들이 있었다.
누가 쓴 글자일까, 내가 쓴 시인데
시들은 휘갈겨 쓰여 있었다.

또, 수업 시간에 쓴 시들을 찾았다.

수업 시간에 논했던 시들과 그동안 썼던 시들을 더듬어서 정리하여 쓴 시들도 있었고, 우연히 찾게 되어 시집에 실린 시도 있었다. 더 우연처럼 시집을 준비하는 과정에서 바람이 쏙, 불듯. 나에게 그렇게 쏙. 선물같이 온 시들도 있었다. 그럴 땐 나도 시를 쓰고 쏙, 웃는다. 그러고는 고맙다고 쏙, 인사를 했다.

내 방에는 시들이 지금 활기를 띠고.

<u>그들은 그들의 세계를 만들었다.</u> 내가 없을 때 그들은 마음대로 자유롭게 이 시집에서 저 시집으로 옮겨 다니며, 시인이 쓴 시들을 마음껏 고치고, 제목을 시의 맨 밑으로 옮길지도 모르는 일이다.

펭귄에 대해

시집 『펭귄과의 사랑』은 누워있는데.
그냥 머릿속에

누군가 시를 콕, 집어넣어 주듯이 왔다.

새벽이었다. 바람이 눈썹 위에 앉아 있다가 입술로 껑충 뛰어간 것처럼. 선물 같은 시다. 언제나 나와 함께한 작고 작은 귀여운 사슴 같은 거겠지. 펭귄에 대해서는 할 말이 없다. 적어도 자신이 펭귄이라고 생각하는 사람은 펭귄이 아닐 거다.

예상하지 못한 선물이었기에, 인위적으로 포장을 하기보다는 있는 모습을 그대로 옮기려고 했다. 물론 퇴고 과정은 있었다. 언제나 쓴 글에 대해서는 퇴고가 처음이고 마지막이다. 쓴다는 것, 써야 할 시를 쓰며 생각한다는 것, 각각이 지닌 특징들이 있겠으나. 늘 내가 중요하게 여기는 것은 글이 되든 되지 않든, 시가 되든 되지 않든 간에 일단 쓰면서, 시와 글을 그 사이사이에서 작가가 감독관이 되어서 보는 일이다. 그리고 성숙의 기간이 퇴고가 되겠지. 많은 책을 집필하지는 않았지만, 집필할 동기와 목적에 따라 많은 차이가 있겠으나. 작가는 자신이 쓴 글에 대해 명시적으로나마 변신의 창을 환하게 열어두는 건 아닌지.

커피가 있는 환경에 있게 되었고

커피를 끊었다.

처음 커피를 마신 게 언제였는지 모른다. 기억하는 건 커피를 마시고 잠을 못 잤다. 원두의 입자들이 얼굴에 있는 것 같았다. 또 자연스럽게 커피가 있는 환경에 있게 되었고, 오후에 커피를 종이컵으로 한 잔 정도를 마시게 되었다. 두근거림도 사라지고 잠에도 영향이 덜해서 그 뒤로는 아메리카노를 사랑하게 되었다.

나는 커피가 없으면 안 될 정도가 되었다.

나는 커피가 있어야 했다.
어디를 가나 글을 쓰기 전에, 또 무엇을 시작하기 전에는 꼭 커피가 옆에 있어야 했다. 커피가 없으면 커피가 있는 곳으로 갔다. 커피를 찾아다니고 커피가 있는 곳이라면, 어디든 갔다.

너무 많이 마셨는지, 심장이 심하게 떨렸다.
작년쯤, 커피와 작별할 때라는 것을 직감이라도 한 듯, 커피를 보내주었다. 그러자 정말 커피가 입에서 딱, 딱지가 떼어 나가듯 떨어져 나갔다. 신기하게도. 커피 생각도 안 나고 마시고 싶은 생각이 안 들었다. 이젠, 카페에 가면 커피 향기를 맡는다. 향기로 커피를 들이켜는 시간. 그것마저 향긋하고 즐겁기만 한.

시의 설화

시는 태어나서 살아간다.

누군가의 이마에 닿고 누군가의
입술에 닿으면 시는 다시 생성된다.

어떤 이는 생각을 하겠지.
시는, 태어나자마자 죽는 거라고.

또 어떤 이는 말하겠지.
아직도 시가 태어난 적이 없다고.

우르르 몰려가는 바람의 신들은
사람의 어깨에 앉아, 시를 쓰는
그대들에게 나지막하게
돌의 문자를 보여주며 햇볕에
그을린 선글라스라며,
두 눈에 장착하라고 하겠지.

시는 고급스러운 문장의 장식품이 아니지.

볼품없이 낡아지는
골동품은 더더욱 아닐 테고.
메밀냉면에 곁들인 육수를 생각하면,
밤의 피부는 시원하게 고르겠지.

뜨거운 햇빛에 맞서는 시들은 어떨까.
시가 된 시간이 시가 될 시간보다 짧다면,
그건 시가 살아가는 형식일 테지.

매일 태어나는 시에 깃들인 참새들, 낙엽, 초록 지붕,
모두 모이게 되는 커다란 집일 테지.

우리가 그 집에 들어가서
시의 완성된 서랍들을 하나씩 열고
시를 비축해 두자.

건기와 우기를 지나,

시를 짓지 못한 이들에게
시를 하나씩 나눠주고.
시에 대한 찬가를 만들어주자.

닫힌 서랍에 있는
닫혀 있는 시들을 더 이상
어둡지 않게 해주고.

막 태어나려다 눈을 감은 시들은
서랍 위에 두고두고 올려 두자.

여름에 내리는 차가운 눈

    2023년부터 여자 중학교에서 독서 토론 수업을 하게 되었다. 이름은 슬기샘 동아리다. 수업은 보통 문학 작품과 다양한 예술 등을 소개하고, 자유롭게 토론을 진행한다. 각 학년당 열 명씩 선별해서 총 삼십 명의 인원이었다. 경쟁률이 치열했다고 한다. 동아리 면접까지 보고, 우수한 학생을 인원으로 구성을 했다고 하셨다. 실로 우리나라의 미래를 보는 것 같았다. 일전에, 모교에서 자유학기제 수업을 진행한 적이 있었다. 그때도 학생들보다 내가 더 즐거웠던 것 같다. 수업을 마치고 나오면서, 나는 가르치는 일 아니었으면, 어쩔 뻔했을까, 하고. 혼잣말을 또 중얼거렸다. 그 말이 머릿속에서도 빙빙 돌다가 탁, 하고. 소리를 내며, 여름 하늘로 날아가는 것도 보았다. 여하튼, 올해에도 작년에 했던 여자 중학교에서 토론 수업을 맡았다. 사회 문제와 그림책과 단편소설을 같이 읽고, 다양한 활자를 통해 감성의 영역을 넓히는 수업이다. 그리고 각자 생각한 것을 기록하고, 자유롭게 말하는 형식으로 진행되었다. '여름에 내리는 차가운 눈'은 한 학생이 나에게 지어준 애칭이다. 따듯하면서도 그 안에 차가운, 차갑다는 의미가 부정이 아닌, 따듯한 아우라로 존재하는 여름의 구절로 여겼다. 나를 정확하게 볼 줄 아는 눈도, 멋있다. 학기 말에 학교에서 축제를 여는데, 슬기샘 동아리는 학교 도서관 책장에 쪽지를 숨겨두고, 찾는 학생에게 작은 선물을 증정한다. 한 학생의 아이디어였다. 올해도 기대가 된다.

시적인 것과 시적이지 않은 것

시에 대해 생각할 때. 시적인 것에 대한 탐구심이
있었다, 대체 시와 시적인 것의 차이는 무엇일지,

그것을 시로 말하고 다 시로 구성할 수 있는지.

또 시는 무엇이며 시적인 것이
시를 말해주는 대변자의 역할을 하는지

우리가 시라고 믿었던 것이
우리가 시라고 알고 있었던 것이

나중에는 시라고 부르지 않게 되는 건 아닌지

시라고 여기지 않았던 것이
시가 되는 세상이 오면

이 세상에 남는 시와 남은 시적이지 않은 것이
어떤 세계를 탈바꿈할지, 궁금했었던 습작기

메모

마흔 정도가 되면, 어른으로서 살 수 있겠다는,
나만의 생각을 가졌었다.

그때, 결혼도 하고 아이도 낳기에 좀 성숙하지 않을까 싶었다. 막상 그 시간이 흘러보니 나이가 든다고 해서, 어른이 되는 게 아니었다는 현실을 보게 되었던 나. 그렇다면 어른은 어떻게 되는 건지, 어른으로서 해야 할 일은 무엇일까, 아주 가끔은 어른도 말고 어린이도 말고 어른도 어린이도 아닌, 딱 그 중간계의 지점에서 살고 있다는 감각.

초등학교에서 수업하고 나오면 어린이들은 어른이 되는 것 같은데. 나는 점점 더 어려지고. 뇌는 더 초등학생보다 더 어린이가 되는 것을, 몸으로 체험한다. 아침에 보통 5시에 기상을 하고. 늦으면 6시 정도. 일찍 일어나면 기분이 좋다. 그리고 매일 아침 8시에 독서 토론, 그림책 수업을 한다.

도서실에서 여러 책을 보면서, 책을 경외한다.

책을 생각한다. 누구도 말해주지 않은 것을, 책은 나에게 많은 부분을 가감 없이 말해주었다. 내가 사귈 수 있는 유일한 친구가 되어주었다. 친구라는 건, 오래 사귄 벗이라는데. 세상에 나는 남부럽지 않은 얼마나 많은 친구가 있는가.

웃음

환하게 웃으면 마음속에,
뼛속에 깃든 근심이 털어져 떨림으로
웃음으로 이어지는 기분이다,
언젠가의 웃음은 현재와 미래를 담고
긍지로서 나를 인도하는 불빛들이었다.

욥의 웃음은 초월한 웃음이다.
야곱의 웃음은 어떠한가.
야곱이 돌베개에 누워 잠이 들어 천사들이
사닥다리를 타고 오르고 내리는
모습을 생각하면, 또 웃음이 난다.

나도 언젠가는 하늘을 오고 갈 수 있어서
하늘에 둔 날개를 찾아올 수 있는 천사가
될 것만 같은 그런 웃음이, 입술 사이로
빠져나오고 있지만, 나는 천사는 아니고,
그렇다고 사람에 가까울 것인가.

그 물음에 대한 정답은 나는 모르고.

나는 중간 지점도 아니며,
나는 앞으로도 영영 모를 것이기에,
영영 그렇게 살아가리라는 것이 결론이다.
다만, 내린 결론으로 웃음 지어 환하게
지낼 것은 변하지 않으리라는 것.

발자국 위에

발자국 위에
발걸음을 올려두었습니다
비는 내리고
바람도 내렸습니다
발자국들의 발걸음이
위로 나와
발자국 사이를
거닐었습니다
평화로운 발걸음이었습니다.
발걸음은 평화로워 보였습니다
물질과 입자들이
밤을 빼곡하게 발자국을
꾹꾹 누르며
반듯하고
단단하게 만들어가고
있었습니다
나도 언젠가
누군가에게 발자국 같은
투명한 사람이
된다면, 나는 더
바랄 것이
없다고 여겼습니다

문장을 담은 일

우리 있잖아
쏟아진 흰 눈들이 창문에 있었지

차를 마시고 의자에 앉았지
이야기도 의자에 내려앉았고

정답고도 정답게
흰 설탕 같은 날이었지

창문 밖으로 걸어가는 창틀,

건물의 기둥이기를 바라지 않는
작고 작은 연약한 회색 벽돌 의자들

모두가 하나의 하늘 아래

구조화되고 있었던
12월과 겨울바람은 달력 뒤에
봄의 배경으로 이 그림들을
어느 숫자에 빼곡히 담아 놓겠지

호, 불면
씨앗 하나가 툭, 하고.
민들레 바람을 일으킬 테고

홀로

내가 잘하는 부분의 홀로인.

홀로 공부하기 홀로 노래 듣기 홀로 밥 먹기
홀로 시를 쓰기 시 쓸 때 시와 하나 되기
시의 등에 올라가 보기 시의 공기를 세어보기

시의 향기를 보며 미소 짓기 미소 지으며
다른 내가 되어보기 부르는 말과 듣는 말의 차이를
구분하여 규정을 짓고 규율에 두고
정해진 규칙을 쓰다만 시에 끼어 두는 일.

일찍이 홀로 있다는 것을 홀로의 글자로
직역하지 않았다

홀로 있다는 것은 나와 내 영과 혼이 있다는
것이기에, 나는 그것만으로 충분했으므로.

다른 누구를 찾아 나서지 않았다

하지만 나도 어딘가의
누구의 일들을 도와주어야 했고

나아가는 세상은 신기했으며,
그렇게 살아가는 것도 즐겁기도 하였으나
가끔은 생각과 다르게 흘러갈 때도 많았다

예쁜 시

시를 쓴다.
시를 쓰레기통에 넣는다.
쓰레기통에서
시는 태어나고 소멸한다.
시가 또 써진다.
스르륵, 스르륵,
이번의 시는,
시가
쓰레기통으로 걸어간다.
뚜껑을 열고
쓰레기통 안으로
몸을 밀어 넣는다.
달빛이 잠깐
일그러지는 시간,
쓰레기통 밖에 있던
시들이
쓰레기통과 작별 인사를 한다.
시는 있다.
시는 쓰레기가 아니다.
쓰레기통은 쓰레기통일 뿐,
시가 맛을까,
시는 쓰레기가 아니기에
시는 계속 나온다.
쓰레기통은 온통
시의 언어로 가득하나.

영혼에 대한 정의

자기를 지키고
자기를 사랑하는 일

산문

산문, 이라는 말은 틈 가운데
마치 빽빽하게 늘어선
숲속 같은 말로 대치된다.
나에게 이렇게 참 평온하게
다가오는 단어가 있다.
그 말은 다른 단어로
바뀌게 되고,
그 말은 내 몸속으로.
내 마음속으로 들어오게 된다.
나는 이 말이 좋다.
내 안에 둘 수 있는 말.

산문,
하고. 말을 공중에 놓으면
참새의 언어에 짹짹, 이라는 말에
또 다르게 입혀진 것이 있고.
길고 가늘게 불꽃 나무의
잎사귀들이 굳건한 집을 짓고,
새들도 집을 지으며.
벽돌을 나르고 구름도 벽지를
바르고 빗물을 모아
단단하게 벽돌 사이에서
자라가는 것을 나는 보겠다.

이름이 이름으로

나는 안과 밖을 두고 두 차이점을 보았다.

<u>서로 동등한 위치에서 어떠한 사물을 두고</u>
살아가는 것이다. 안은 곧 밖이고, 밖은 곧 안이다. 둘은 교차하는 지점에서 결국 매일 만나고 있는 셈이다.

안은 뭐랄까.

내밀하면서도 정교하게 자신만의 스타일을 고수한다. 그에 비해 밖은 안에 있는 모든 것을 끌어안으려 한다. 바람은 중재자로 너풀거리면서, 둘의 사이를 오고 가고 있었다.

모든 건 이름이 되기 위해 세상을 살아가는 것이라고 여긴 시간도 있었다. 자신의 이름, 너의 이름, 당신의 이름, 누군가의 이름, 이름으로 불리는 모든 이름의 서사. 그건 밖이 아니라면, 안에 존재하는 것이라고 나를 채근한 적도 있었다.

하지만, 불리는 속성이 다르더라도,

변하지 않는 것이 있다는 것, 그것이 전적으로 바른 것이라고 여겼다. 정답은 이름 너머에 있을 수도 있다. 그렇게 답지 밖으로 훌훌 털어버리면, 그때의 이름과 지금의 이름은 또 의미가 달라져 있을 테니.

체리를 주웠어

간밤에 체리를 주웠어.
긴 에스컬레이터를 타고, 올라가니 체리
하나가 떨어져 있었지. 작고 귀여운
체리 한 알 나는 주워서 입으로 호호 불고
손으로 호호 불고 기분이 좋았지.

아주 잘 익은 빨간 빛으로 내 앞에
딱 굴러왔던 거지. 이쁘기만 했어.
귀엽기만 하더라고. 그렇게 체리 하나.

체리를 좋아한다.
체리씨는 크다. 체리의 마지막 향을 좋아한다.

체리를 깨끗하게 씻기고 나면,
나의 손은 체리가 된다. 이마는 체리의 나무.
마음도 체리. 몸도 체리.

<u>세상은 온통 체리 천국.</u>

이제는 이 체리 천국을 사랑하고,
나는 체리의 마음을 헤아리려 해. 내 안에 슬픔과
사랑을 체리에게 내어주려고 해.

나는 이제 결심하지 않았던 일을
결심하려 해.

나는 체리와 살아가려 해.

아무도 나에게 오지 않았지만, 체리는
나를 겁내지도 않았어. 내 눈엔 그게
그저 너무 귀여웠던 거지.

저렇게 귀엽기만 한 체리는
제 몸은 작지만, 마음은 우주만 했던 거야.

그러니 내가 어떻게 체리를
사랑하지 않을 수 있겠어.

체리를 주웠던 것 자체가,

내가 천국으로 가는 걸음을 재촉한
것일지도 모르겠으나.

체리는 내가 기다리고 기다린
또 다른 천국일 거야.

이생의 인연은 닿아서

특별한 인연은 꿈에서 만난다.

나는 그 인연은 일반인들과 다르게 전생에 인연이 있었거나, 내가 도와주어야 하거나 나와 비슷한 성향이거나, 영적인 사람들이다. 보통은 몇 개월에서, 몇 년 전에 미리 꿈으로 보는 경우가 있다. 그리고 나는 이렇게 꿈을 꾸는 것을, 누구나 다 그런 줄 알고, 살아왔다. 다만, 모두가 말을 안 할 뿐이라고 여긴 것이다.

문창과를 다닐 때, 신춘문예 등단작을 읽었다. 그때 안 교수님께서 정현우 시인에 대해서 알려주셨다. 방송국에서 일하고 있다고 했고, 대학원 선생님들과 시를 같이 읽었다. 그리고 얼마 안 가 어떤 한 소년이 꿈에 나와 마이크를 잡고, 노래를 부르고 있었다. 그 소년이 노래를 참 멋있게 불렀다.

시를 공부할 때,

정현우 시인을 박사과정에서 만났다. 만나고 나서도 어딘가 모르게 익숙했는데, 예전에 노래를 불러주던 꿈속의 소년이 정현우 시인이었다. 시를 쓰고 노래를 부르며, 아름답게 세상을 살아갈 정현우 시인이었다. 여름 방학이 되어서, 한 번 만난 적이 있었다. 하도 마음도 순하고, 눈시울도 순해서, 시인이라는 이 세상의 명함이 그에게 참 잘 어울린다고 생각을 했다.

정사각형의 우주

이상한 날이었습니다.

길을 가고 있었습니다.
나는 왜 하늘이 보고 싶었는지 모릅니다.

하늘은 온통 흰색이었습니다.

천사들이 흰 물감을
풀어놓은 것 같았습니다.

우연히 본 하늘에 사각형이
가지런히 있었습니다.

어릴 때의 팔각형의 빛들처럼
아름다웠습니다

어른이 되어서도,

빛이 너풀거리는 것을
보았던 적이 있었습니다.

가로 네 개의 줄
세로 세 개의 줄

사각형은 정확히 열두 개였습니다.

크리스마스 이브

그럴 수도 있겠다, 싶은 꿈들.

알고 지낸 전생의 친구들은 얼굴 없는
그림들로 유유히 그려지고 있었고,

도시에는 각각 다른 형체의 짐승들이
하나, 둘 셋씩 짝을 지어 길을 영위하고,

호화로운 양고기가 담긴 도시락을 주며
호화롭게 식사 시간은 준비되었고.

바람도 비도.
한 점 없는 하늘이 있었다.

나무들은 땅속으로 깊이 자취를 감추고
꼭꼭 머리끝부터 감추고 있었다.

더는 트리를 베는 일도 없었다.

어느 것도 죽음에
가까운 것이 없는 아침, 성탄을 알리는
음악이 거리의 전구에서 비추고.

숲의 베임 속에 있던
나무의 기나긴 너댓 슬픔들만 가능히.

펭귄, 펭귄

처음 시집을 내고 여러 일이 많았다.

우편으로 보낸 시집은
몇 달 만에 집으로
반송되어 돌아오기도 했다.

우리 펭귄들이 길을 잃지 않고
각자의 집으로 가기를 바라는 마음이었다.

비가 오는 날엔,
펭귄들이 비를 맞고 길을
웅성거리고 있지는 않을까.

눈이 오는 날엔 눈송이를 밟으며
또각또각 눈사람을 만들고 있지 않을까.

빗물에 젖은 펭귄의 시집이
아른거리다가

또 어느, 누군가의 손에
있을 거라는 상념.

아무도 우리 펭귄과
시집을 망가뜨리지 않기를 바라면서,

지금은 지금을 사랑할래

나는 지금을 기억할래.
지난 건 뚝, 뚝, 뚝, 떨어지는 별빛 소리로
정렬되니까. 지금의 분홍의 심장을 사랑할래.

좋아함은 손에 든 가을 공기잖아.
그래서 좋아하지 말고, 나는 사랑을 해야겠어. 난. 나는, 그럴 수 있다고 생각해. 으음, 사랑이 되는 하늘, 사랑이 되는 구름, 사랑이 되는 의자, 사랑이 되는 별, 사랑이 된 날개, 사랑으로 뻗어가는 도로, 또 그 날개 사이의 빛, 빛과 마주하는 나와 나. 너와 나. 지금을 지금으로써 있게 하자.

사랑이 현재로 있음을 알자.
해결되지 않은 사랑이 없는 것처럼.

현재는 나를 얼마나 살게 하는지.
지금, 이라고 말하면, 내가 쓴 글들이 책 밖으로 굴러가서 각자의 포즈를 취하고 나에게 무엇인가 알 수 없는 표상을 내밀 것 같은 말. 하지만 나는 또 그 글자를 통해 또 다른 좁은 길을 내어주겠지. 그래. 지금과 지금이 되는 것. 둘 다 좋아. 지금은 그냥 있는 것이고, 지금이 되는 것은 그냥 있는 것들의 현재성을 더 나타내는 거겠지. 그렇게 되면, 그 뒤에 오는 것은 다 아는 단어일까. 하지만, 그 모든 게 지나가면. 그리움도 현재가 되겠지.

압운

시를 규격에 맞추는 규칙, 시에 있는 규범.

나와 시의 팽팽한 언어 속에서 펼치는 앙증맞은 놀이. 나는 시를 쓸 때 가끔은 루이를 생각한다. 루이, 나의 시가 어때요. 시인이 쓴 시 같나요. 흠, 시가 되려고 하나요. 시가 되었나요. 시를 쓰기 시작하면서 루이는 내게 하얀 당나귀와 같은 존재였지. 당나귀의 울음소리에 언어를 장착시켜 나는 손에 들고 있는 펜을 내리치고, 엎고 노트 위에서 혈투를 벌이다가 마침내 서로 누구랄 것도 없이, 행복해하고 마는 빗방울 위의 얼음이지. 얼음 조각이 흔들림 없이 창작되는 이웃의 건물일 거야.

멈춤이 없는 시를 쓰고 싶어.
수첩에 이끌려 가는 자연스러운 바람의 색처럼, 노랑 번개 빛처럼, 그렇게 유에서 무가 공존하는 시를 부풀리고 싶어. 부풀어지는 시가 있다면, 그건 포도 젤리가 듬뿍 담긴 시가 되겠지. 그러고도 남겠지.

부푼 것으로 시는 만족해하고.
작가의 의도를 독자가 알고도 남을 만큼의 시들이 마술을 부리고. 마음을 초록으로 물들여 놓고 리듬을 타고. 어느 정도 규칙이 있는 글의 타자 수도 마음에 들 거야. 그럴 거야. 너무 멀지도 너무 가깝지도 않은 사이처럼.

찰리와 초콜릿 공장

　찰리가 있었고 초콜릿이 있었다 윙카는 초콜릿을 만드는 공장을 경영했다 찰리는 초콜릿을 사랑했다 달콤하고 향기 나는 아주 맛있는 초콜릿을, 행운의 소년은 착하고 초록 눈빛을 지닌 찰리였다 우리의 찰리는 골든 티켓을 찾았다 다른 네 명의 아이들도 윙카의 공장에서 초콜릿의 달고 단 맛을 맛보았다 움파룸파족들도 신나게 노래를 부르며 초콜릿 춤을 추었다 찰리는 거짓이 없었고 순수한 소년이었다 골든 티켓을 얻게 된 것도 찰리가 살아왔던 날들이 있었기에 가능했던 일이었다 공장에서 네 명의 아이들은 서로 초콜릿을 위한 길을 떠났다 같이 온 동행자들도 어린 시절로 돌아가 잊고 있던 자신의 어린 모습을 찾을 수 있었다 윙카는 초콜릿의 왕이었다 초콜릿 맛을 보고 초콜릿 맛에 반해 초콜릿을 위해 살아온 사람이었다 비밀 레시피를 앗아간 스파이들이 떠나고 공장 문을 닫게 되었다 우리의 슬픈 윙카는 꿋꿋하게 다음 공장장을 찾아 나선 것이다 그러나 찰리는 초콜릿 공장보다 가족들이 더 중요하다고 생각하였다 찰리는 돈과 명예에 눈이 먼 소년이 아니었다 찰리는 언제나 가족들과 가족들의 안전과 사랑이 우선이었다 유리 엘리베이터를 타고 온 윙카는, 찰리의 집의 지붕을 뚫고 하늘에서 내려왔다 드디어 가족들과 마주한 윙카와 찰리 가족들 윙카는 찰리의 가족이 되었다 두고두고 먹을 초콜릿이 있었고 유리 엘리베이터를 타고 세계를 누비며 각국의 초콜릿을 맛볼 수 있는 기회가 생겼다 찰리는 초콜릿을 먹어서 힘이 생기고 더 유능해졌다 윙카는 흰머리가 나지 않는 초콜릿을 새 상품으로 내놓았고 어른들은 너도 나도 그 초콜릿을 사 먹었다 윙카 공장은 이제 로보트가 일을 하고 움파룸파족은 휴가를 떠났다 로보트는 초콜릿으로 윙카가 만들었다 이제 윙카도 많아졌다 세계 각국의 윙카들이 있었다 더는 아무도 윙카를 따라올 초콜릿 왕은 없었다

나는 식물 집사

　식물 집사는 식물을 자라게 하는 마법을 가지고 있었다. 집사는 몬스테라를 필통에 넣어 길을 걸었다. 덜커덩. 필통 속에 있는 몬스테라의 구름이며 햇빛이며, 공기들이 마구마구 필통 속을 헤집고 다녔다. 식물 집사는 아랑곳하지 않고, 식물을 돌보고 식물을 사랑했다. 자기 자신처럼 식물에 대한 사랑이 점점 커졌다. 식물 외에 자신을 공감하는 감정 가진 이들을 만나기는 어려울 것만 같았다. 식물들은 집사에 의해 물 주기와 화분갈이를 통해 세계에 눈을 떴다. 식물 집사는 어쩌면 처음이었지만, 나중에 가서, 자신의 직업을 깨달았는지도 모른다. 그렇게 식물들이 잠이 든 사이에도 잠에서 깨지 않게 조심스럽게 식물들 모르게 물 주기와 분갈이를 하며, 시간이 흘러가고 있었다. 식물들은 태어나고 살아가고 사랑하고 영역이 더 넓어졌다. 시간에 지남에 따라, 식물들이 자라는 속도가 달라졌다. 집사는 식물들을 연구하고 관찰했다. 그럴수록 식물들은 자라는 속도가 달라지기만 했다. 이제 식물들은 사람의 마음 구조처럼, 생각을 담아 집사에게 전했다. 식물들의 줄기는 지붕 위를 지나, 하늘로 올라갔다. 집사는 식물의 줄기를 타고 하늘을 마음대로 갈 수 있었다. 집사는 하늘에 있던 식물이며, 화분이며, 씨앗을 볼 수 있게 되었다. 집사는 하늘 식물의 씨앗과 화분을 집사의 꽃밭에 심었다. 집사는 땅속으로 식물이 자라는 것을 보게 되었다. 새로운 세계가 만들어졌다. 그럴수록 식물은 점점 많아졌다. 자신의 마음 구조보다 식물의 공간이 더 많은 공간을 차지하게 되었다. 식물들은 고마워했다. 식물마다 세상이 부르는 이름이 아닌, 집사는 다른 이름들로 화분에 글씨로 이름을 명명해 주었다. 식물들은 식물 집사로 인해 새롭게 태어났고, 집사는 커다란 새 꽃밭을 꾸미게 되었다. 그 꽃밭에는 새들도 오고, 구름도 오고, 빗방울도 내려와서, 잎이 싱싱하기만 했다.

5부

어떻게 쓸지 궁리를 하며

진천의 기억

　석사 시절, 고교백일장에 시를 정말 잘 쓰시는 시인이 온다는 소식을 듣고, 처음으로 진천을 갔다. 조금 늦게 도착했지만, 나긋나긋한 목소리로 강의를 진행하고 계신 박준 시인님. 초청 시인의 강의가 끝나고, 시집에 사인을 받기 위해 줄을 섰다. 가까이에서 뵙고 나니, 선비님처럼 분위기가 있으셨다. 웃는 모습도 밝으셨다. 두 권의 시집에 사인을 받았다. 한 권은 내 이름이었고, 다른 한 권은 다른 선생님의 성함이 있었다. 내가 그분께 시집을 드린 건, 다른 이유는 없었다. 내가 시를 좋아하기 때문이다. 나는 그분이 건강하게 잘 계시면 더 바랄 것이 없을 것 같다. 그리고 믿는다. 내가 믿는 것을.

　　초심이라는 말을 잃고 싶지 않을 때,
　　시집을 열어본다. 사인이 된 내 이름을 본다.

　이제는, 시가 되어 있는 내 이름이다.
　그러면 이 시집은 나를 더 시로 끌고 가는 것 같다.

　진천을 떠나오면서, 시 한 줄도 헛되이 쓰지 않도록 해야겠다는 생각을 했다. 그전에도 시를 헛되이 여기지는 않았는데, 무엇인가 마음속에서 시를 더 고귀하게 여겨야겠다는 시심이 더 생겼다고 할까. 그리고 나는 시와 어떻게 살고. 시를 어떻게 쓸지 궁리를 하며 하늘을 바라보았다.

　그 하늘과 내가 시로서 한평생을 일궈야 할 시간이 있어 행복했던 낮의 오후. 진천의 따스했던 오월.

여름과 가을이 안경 사이로

아버지께서 병원에 입원하시고, 어머니와 번갈아 가며 병원에 다녔다. 나는 일도 안 하고 있었고, 습작기였다. 일은 했지만, 시와 글자가 머릿속을 꽉 채우고 있어서, 곧 그만두었다. 하루에 2시간 정도 수업을 했다. 한 달에 20만 원, 30만 원 정도를 벌었다. 그것만으로도 행복했다. 시를 읽고 쓸 수 있는 시간이 있는 것마저도 감사했다. 시를 쓰고 싶어서 학교에 다시 갔기에, 모든 게 나에게는 새롭기만 했다. 결정적인 일은 세월호 사건이었다. 아시는 분의 자녀가 배에 탔었다. 고통이 나에게도 전해져서, 삶에 대해 더 깊이 있게 생각했다.

당시 아이들을 만나고 가르치는 일도 좋았지만, 마음속에서 하고 싶은 일을 하면서 살아야 한다는 것을 나에게 말하고 있었다. 하루빨리 내가 해야 할 일을 찾아야 한다고 여겼다. 임사체험 전후로 삶의 방향이 달라졌던 것도 있었다. 또, 생각해보니, 시는 항상 나와 가까이 있었다. 너무 가까이 있어서 내가 가까이 있는 것을, 못 보고 살았다는 것을, 성찰하게 되었다. 그래서 집에서 가깝고, 시를 잘 쓰시는 선생님께 시를 배워야겠다고 생각하고, 학교에 다시 갈 생각을 하고 있었다. 마침 그즈음 『연어』가 감동적이었다. 당시 큰동생도 책을 좋아해서 서점을 같이 다녔다.

어쨌든 나는 학교에 가면서, 직장과 학업을 병행하는 게 쉽지 않았다. 한 학기를 마치고, 가을 학기에 직장을 그만두었다. 지금 생각하면, 그 시절이 시심으로 충만한 시기였다. 무수한 문장들을 읽고 썼던 시간, 다시 돌아오지는 않겠지만, 기억 속에 있다. 시에만 몰두할 수 있었던 것은 감사한 일이었다. 나는 시인이란, 이슬을 먹고 그 이슬로 시를 쓰는 천상계의 사람으로 여겼다. 세상과는 구별된 존재로 여겼다. 그래야 한다는 내 생각이 있었기에, 나와 시 사이에 우정이 두터워졌다. 어쨌든 아버지께서 입원할 당시에는 일하지 않고 있었기에, 아버지 병원을 갈 수 있었다.

그런데 아버지 병원에만 다녀오면 며칠을 앓았다. 수술하신 지 얼마 안 되셨기에, 아버지께 조금이라도 도움이 되었으면 하는 마음에, 병원에 간 거였다. 여름과 가을을 지나가는 계절이었다. 병원에는 의사 선생님과 환자가 하루하루를 보내고 있었다. 나는 아버지께서 주무실 때, 병실에 쪼그리고 앉아 소설 숙제를 했다. 아버지께선 내색은 안 하셨지만, 내가 안쓰러웠는지, 시골로 내려가라고 하셨다. 그러다가 1층 카페에서 잠시 숨을 고르며, 차를 마시러 내려오곤 했었다. 소설을 가르쳐주신 교수님의 책이 카페 책장에 꽂혀 있었다. 괜히 반가웠다.

병실에 돌아와 보니, 아버지께서는 곤히 주무셨다. 나는 또 소설을 썼다. 그 어느 때보다 소설 숙제를 더욱 열심히 했다. 아버지께서는 내가 병원에 와서도 소설을 읽고, 글을 쓰는 내 모습을 보시고는 내심 놀라시는 것 같았다. 드디어 대학원 수업에 가는 날이 되었다. 학교에 가서 소설 교수님께 병원에 『바벨』 책이 있었다고 말씀을 드렸다. 그렇게 소설을 좋아하시는 분은 내가 만난 사람 중에 손을 꼽을 정도였다. 수업 시간에 소설에 대한 열정이 우리에게 전해질 정도였다. 학부 종강 때 『바벨』 책에 사인을 받았다. 예수님같이, 성자 같은 인상을 받았다. 인상이 강했는지, 여름 방학하고 꿈을 꾸었다. 꿈에서 나를 물끄러미 보고 계셨다. 아무 말씀을 안 하셨는데, 눈빛에서 나에게 자꾸 글 쓰라고. 마음 놓고 글 써도 된다고 말씀하시는 것 같았다. 그게 아니라면, 나도 잘 모르겠다. 어쨌든 아버지는 수술 후 고비를 잘 넘기셨고, 많이 회복되셔서 건강해지셨다.

선물

나는 받은 것에 대해서는 기억을 하는 편이다. 준 것은, 잘 기억을 못 한다. 불교의 '보시'라는 말을 참 좋아한다. 꽤 그 영향이 오랫동안 나에게 있었던 것 같다. 가끔 어떤 분들이, 지난번, 그 책을 선물해주어서 고맙다고 인사를 할 때. 한참을 생각한다. 혹시 다른 분들에게 받은 게 아니라면, 내 쪽에서 전한 선물일 텐데. 잠시 나는 선물이 나에게 있다가 그쪽으로 옮겨간 시간을 기쁨으로 여기며, 그것에 더 감사한 마음이 생긴다.

아빠는 여행 가실 때마다,
조그마한 선물을 사 오셨다.

그걸 구경하는 게 재미있었다. 집안이 그리 넉넉한 형편은 아니었지만, 단체의 일원으로 아빠가 여행을 다녀오시면, 꼭 선물을 챙겨오셨다. 아빠가 사주신 나비 목걸이, 립스틱, 그 외에 유년 시절에 받았던, 연필깎이와 아주 작은 색연필이 기억에 남는다.

작은 색연필은 신기해서 어릴 때,
조금 쓰다가 지금까지 보관해 두었다.

디스크

정형외과에 갔더니, 4번과 5번 디스크가 있다고 했다. 증상은 다리에 쥐가 나고, 종아리부터 발목까지 저렸다. 예전에, 허리 아픈 이들의 힘듦에 대해 잘 몰랐는데, 생각보다 어마어마한 고통을 허리에 얹고, 하루를 살아가는 것을 체험했다.

허리에 고통의 시간이 기울여져 있다.
내가 살아온 시간의 무게가 깊이 기울여져 있다.

무엇을 쓰는 시간. 또 쓰려 했던 시간. 또 내가 의자에 앉아서 무엇을 읽는 시간. 내가 무엇이 되려 했던 시간. 그렇게 쓰기와 읽기 사이에서 내 몸과 마음과 영혼이 넘치게도 글 밖으로 튕겨 나가기도 한 시간.

<u>내 시엔 모두의 시간이 있다.</u>

사람이 아프면 하던 것을 잠시 쉬게 된다.
의사 선생님께서 계단 대신 엘리베이터를 이용하라고 당부하셨다. 그렇기에 엘리베이터를 타려고 한다. 허리에 있는 시들을 길 밖으로 다 늘어뜨려 놓으면, 어떤 시가 만들어질까. 어느 시집이 나올까. 아니면 여러 권의 산문집이 나올까. 의자에 있던 설계도가 앉아 있을까. <u>그것도 아니면, 당신을 사랑했던 시간이 거리에 줄을 지어져 있을까.</u>

반 고흐 인 서울

한 선생님과 고흐의 몰입형 최초 전시회를 다녀왔다. 고흐 전시는 두 번째 관람이었다. 예전에 여름날 군산으로 다녀왔었다. 그곳에서 만난 한 행인분이 멋진 사진을 찍어주셨다. 우연히 서울에서 고흐 전시가 있는 것을 알게 되었다. 새 학기가 시작되면, 가기가 어려울 것 같아 선생님께 전시 날짜를 말씀드렸더니, 흔쾌히 가신다고 하셔서 정말 감사한 마음이었다. 늦겨울과 초봄이 오려는 날씨였다. 빗속에서 우리는 우산과 걸었다. 중학교 수업에서 만난 선생님은 서울로 이사를 하셨다. 계룡에 계실 때는 같이 논산에서 학기 중이나, 마칠 때도 서로 시간을 맞추어 식사를 했었다. 또 카페에 가서 차를 마시곤 했었다. 이사를 하시면서 자주 뵙지 못했었다가, 다시 만나게 되어 나는 반가운 마음이 들었다. 버스를 타고 가는 동안, 내리는 빗줄기도 화폭을 그려놓는 것 같았다. 홍대 거리를 걸으면서도 기분이 좋았다. 고흐의 전시회에서 그림들은 입체적으로 상영을 했다. 여러 색이 전시회장을 밝히고 있었다. 그곳의 계절은 천사가 비의 무게를 분홍으로 늘어놓은 것 같았다. 우리는 거리마다 발자국을 남겨놓았다. 발자국도 분홍 길을 만들까. 나를 위해 시간을 내주시는 분은, 기꺼이 나의 영혼을 위해, 나의 영혼이 맑아질 수 있게, 해주신 제라늄의 향기가 나는 고마우신 분이시다.

언젠가의 겨울

언젠가의 나는 스웨터를 입고
햇빛의 온도로 웃고 있었다. 뾰족한 연필심도,
봄을 탁탁 두드리고 있었지만,
나는 봄이 와도, 겨울옷을 입고 다녔다.

겨울 냄새 눈 냄새, 겨울바람 냄새,
겨울 공기 냄새, 모두 겨울이기만 한 봄,

봄이 와도
겨울을 쉽게 보내지 못했다.

벚꽃이 눈처럼 내리던 날의 오후.
슬픔을 하늘에 맡겨두고, 봄을 맞이해야만 하는데도.
슬픔 앞에서 온몸으로 슬픔을 맞이하고 있던 나.

겨울은 차디찬 공기가 있지만. 그것마저도 사랑스럽다. 내가 꼭 겨울에 태어나서 그런 것만은 아니다. 마치 작가가 문장을 쓸 때, 유독 가까이하고 싶은 단어가 있듯이. 겨울 공기가 그렇다. 차가움 속에서 따뜻함이 어울리는 겨울의 공기를 좋아한다. 겨울이 되면, 그리워하는 것들이 더 많아진다. 그렇다고 겨울을, 즐기지 않는 것은 아니다. 겨울도 겨울 나름의 가진 따뜻함이 있다. 나는 그 지점을, 계절을, 막 이제 자전거가 한 바퀴를 경주하고 멈춰선, 그 자세라고 말하고 싶다. 겨울의 뒤에는 남은 계절들이 항상 있었듯이.

갑작스러운 회전율

갑자기, 라는 말을 쓸 때가 있었다.

갑자기 눈이 와서, 오늘 갑자기 비가 와서,
갑자기 꿈에 나와서, '갑자기'를 통해
무엇인가 막혀있던 것이 막힘이 풀리고,

길이 열리는 것 같다.
마음이 '갑자기'의 앞면이라면,
마음의 뒷면은 움직이고 돌아다니기 시작한다.

시를 쓰려고 하다가, 갑자기 시가 막히게 될 때.

또는 시에서
갑자기 빠져나가려고 하는데.

시를 두고 빠져나오기가 갑자기 어려울 때.

어렵지만, 갑자기 또
무엇인가를 할 수 있기에도 좋은 당근의 말.

<u>단어를 가슴속에서 생가으로도 오려내고.</u>

마음으로 빚어내는 일 또한 갑자기, 라는. 말과
살아가기에 충분하기만 한 당근 향초의
작고 귀여운 보씨틀의 촘촘한 말사국 웃음을.

양초의 심지가 타고 있어요

내게도 친구들은 있었다. 고맙다, 라는.
말이 입속에서 솟구쳤다. 친구들은 있었고,
이제는 없지만, 앞으로 잘하면 있을 수도 있다.

친구들은 내가 독특하다고 했다.
하나둘, 그 독특함으로 우르르 몰려왔지만,
수챗구멍에 물이 확 빠져나가듯이
그렇게 우르르, 내게 인사를 고하기도 했다.

친구들을 만나면 입술 안에 모아둔
말을 하나씩 전하고 싶다. 그때 가면 어떤
말로 색이 바뀔지, 아니면 다른 말로
변화되었을지는 모르는 일. 그래도 친구들이
생각날 때 우리의 나눈 대화를 복기해본다.

빗소리가 뚝뚝,
저 들판에서 걸어오듯
우리들의 나눈 우정은 가로등에서 밝히고 있고.

앞으로도 어둡지 않을 거라는 마음이 있으며.

생일날 꽂아준 케이크의 초가
아직도 나의 발을 밝혀주고 있으니,
바람이 희어져도, 걸어갈 길이 있는 건
그대들이 꽂아준 초의 서사 때문.

별별

그때의 너는
그때의 나를 참으로 사랑하였다.

너의 마음을 읽어가면서,
뒤늦게 너의 사랑을
발굴하게 되었다는 여름의 이야기.

이 이야기가 끝에는 끝나지 않는
초록의 것들이, 상상을 초월하는 그림들과

소묘들이 솜사탕을 만들어가고,
빗금들이 공중에 빼곡하게 만드는 것을
오늘이나 내일이나 항상 보는 것.

너는 올 때
수직선이 되어서 바람을 불었으며,

너는 보이지 않고 긴 선들의 휘어짐만 보였다.

아, 그건 무엇으로도 정의가
될 수 없는 수식이었다.

슬프지도 않게 비틀거림으로 있는
것은, 의미가 없었고.

슬픔이 영위되는 각도가 늘 있었다.
나의 슬픔은 곡선이 되어 가는 과정으로
있었으며, 기도하고 기도가 낳은
결말을 사랑하기로 했다.

수박이 제 살을 벗겨내고,

씨앗이기를 거부하였기에, 수박은 씨를 품고
살아갈 수 있었던 것처럼,

씨앗은 수박 안에서
수박이 씨앗을 안듯이, 서로 부둥켜안는
웃는 인연이 세상에는 많기도 하였다.

더는 슬픔을
말하기에 연약한 슬픔은

새하얀 빛으로 그저
솎음이 되는 것을 보며.

바람이 흔들면 잠시 희어질 뿐이었으니.

물 위를 걷기

꿈이었지 물 위를 걸어 다녔어
긴 부츠를 신고 아마 겨울비였나 봐
하염없이 걷더라 어딜 가고 싶었니

나는 나의 영혼에게 질문을 한다 질문 질문
나는 영혼의 질문과 대답을 하며 물 위로 걷는다

부츠가 물에 발에 몸에 닿고 닿아 질문의
대답에 이르고 마음에 닿으면, 어느
나라에 살고 있는 누군가를 생각하는
그런 생각의 아침은, 발걸음이 강물에 있다

위에 쓴 문장의 말에서
나의 어떠한 영혼이 담겨 있는가
나는 문장을 발화시킬 때, 어떻게 어떤 식으로
말하고 싶은가

물 위를 걷는 기적은 구원자의 적은 표상
온갖 물들이 가득한 세상을 걸어 다니는
발자국들의 염원이 꿈으로 투영되어
내 영혼이 물 위로 막 걸어 나온 것이다

나는 나에게 질문하기를 좋아하니
육체가 없는 것에도 동일하게 적용될 일
지금의 나와 훗날의 나는 말이 없는 말로
질문하고 대답하기를 즐겨하셨시

우리는 서로 아이스크림을

마치 만났었다는 듯이 우리는 걷기도 하고 웃기도 하면서, 이야기를 나눴다. 기억의 언저리에 있는 희미한 조각들이 선명해지는 오늘. 발바닥에서 천사의 날개가 나오려 하고 있었던 저녁쯤. 불빛이 밝아지고 불빛이 환해지면서 날개는 발바닥을 밀며 바람을 타고 가는 것을 보았다. 같이 있다는 건, 같은 호흡을 하며, 같은 세상을 살아가는 일이라고 생각했다. 우리들이 숨을 쉬던 여름에는 어딜 가나 레몬에이드와 슈팅 스타, 그리고 바람과 함께 사라지다, 가 있었다.

복숭아가 차오르는 계절, 거리에서 우리는 또 정겨운 말을 나누며, 우리의 시간이 나뭇가지에서 조금씩 펼쳐지는 것을 보게 되었다. 사람들은 네온사인에, 각자 저마다 가진 여러 사연과 이야기를 어느 장소에 펼치는 것이었다. 우리는 각자 여름의 의미를 하나씩 서로의 이마에 새겨주었다. 시간이 흘러도 만남이 있으며, 이별 따윈 없을 거라며, 써준 글자에서 금빛 가루가 너울거렸다. 밤이 점점 더 깊어져 가고, 달은 더 밤의 구름에 숨고 있는 것이었다.

일출을 보는 날의 천사들

빗소리 뚝뚝. 문을 두드리는 눈물. 우산을 펴는 눈물. 내가 걸어가는 발자국. 그림자 눈물. 그림자의 둥근 발가락 눈물. 의자에 겨울이 남아서 눈의 흔적을 지우는 눈물. 우산 위에 있던 눈송이의 지문들이 서서히 바다로 흘러내리는 눈물.

듣고 또 들어도 들을 때마다 다른 음성
그리고 떨림. 비의 떨림. 너의 떨림.
너의 떨림이 나에게 오는 진동의 그 눈물.

<u>위에 나열한 글자들의 특징들에는
당신이 없다는 것이다.</u>

나는 더,

나은 글자들을 찾기 위해 모험을 감행했다. 그리고 당신이 머물던 자리에 가보았다. 그곳에서 시는 사라졌다. 시와 관련된 그 무엇도 없다는 것을 알았다. 그렇다면 시는 어디로 사라졌는가. 애초에 부르던 말과 부르려고 하던 말은, *이사벨의 방에 등장하는 튜브에 있었던 것이었다. 그래. 그 튜브. 나무들이 헤엄을 치며, 세상을 영위하던 곳에서 내가 잠시 그 장면에 등장하여, 하나의 각본을 구성했던 날.

*『이사벨의 방』. 데이비드 스몰, 사라 스튜어트, 시공주니어, 2013년

(여름의 공기를) 모자와 케이크와

　밀크티를 마시고 체했다. 그것도 모르고 만두와 오징어덮밥을 먹었다. 여름이라 더위 먹은 것으로 여겨, 식은땀을 흘리며 집으로 왔다. 일단 누웠다. 핑핑 돌고 있었다. 내가 돌고 있나. 머리가 돌고 있나. 머리가 핑핑. 또. 뇌가 고요를 멈추지 않았다. 낮에 어머니께 온 부재중 전화를 확인하고, 전화를 걸었더니. 노래를 잘하는 작은동생네에서 칼국수를 드신다며, 몇 시에 귀가하는지 물으셨다. 나는 이미 집에 왔는데 어지럽고, 토할 것 같고, 머리가 아프기에 응급실에 갈지도 모른다고 했다. 엄마는 만약 병원에 가게 되면 전화를 달라고 하셨다. 그러고는 잠이 들었다. 인기척에 일어나보니, 두 시간이 지났었다. 큰동생이 집에 있었다. 엄마는 내 안색을 살피더니, 체한 것 같다고 하셨다. 해병대를 전역한 큰동생은 대바늘로 엄지손가락을 일곱에서 여덟 번 정도 눌렀지만, 피가 나오지 않았다. 큰동생은 다시 오른손 엄지손가락을 바늘로 누르고, 엄마는 등을 두드려 주시고, 반수면 상태로 밤을 보냈다. 아침에 간신히 일어났다. 간밤에 내가 참 좋아하는 선생님께서 꿈에 나오셨다. 얼굴을 마주 보고 있었는데, 침묵의 시를 전해 받은 기분이었고. 그것만으로도 잃어버렸던 고요를 되찾을 수 있었다.

가을 눈사람으로 살아갑니다

아침에 일어나면 가을이 발끝에 도착해 있음을 본다. 어제 쓰다 만 시를 상기시키고, 시를 쓰던 책상이 반쯤 접혀서 민트색 얼굴을 하는 것을 본다.

어제는 여름이었고, 오늘은 가을이다.
그, 다음날은 어떤 날이 되려나.

문득 지나간 건 그 자리에 있는 것 같고.

아직 오려고 하는 날은 손바닥 위에서,
숫자들이 달력에 그어 놓은 사각형의 그림처럼,

시간은 여전히 나를 시에, 시와 시로서 존재하는 법을 가르쳐주고, 선승이 되어 주고, 나를 높은 길로 가는 것 같다. 바람이 스치는 물결은 느린 박자이다. 내 마음결과 비슷해서 좋다. 느릿하지만, 그리 느리지도 않은 박자로, 나를 가을의 입구로 안전하게 진입을 할 수 있게 해준다. 싹이 자란 풀들은 몸 안에 있던 작은 씨앗의 영혼들과 몸 밖으로 유유히 빠져나와 하늘을 규제 없이 다닌다. 구름은 벗어 두었던 장갑을 끼고, 가을의 눈사람을 만든다. 가을 눈사람은 자라서 겨울이 된다. 낙엽으로 만든 치마며, 나뭇가지로 만든 모자이며, 나무뿌리로 만든 신발을 신고, 가을 눈사람은 겨울 눈사람으로 살아가고

스티치

시는 태어난다. 손가락에서 태어나 살아가고,
그대의 눈빛에서도. 시작하고 태어나 살아간다.

시가 시인에게,
태어나게 해주셔서 감사합니다, 라고. 인사를 올릴 때, 시인은 시에게 쓰게 해주셔서 감사합니다, 로 인사를 할지도 모르는 일이겠지. 시가 있는 계단마다 먼지는 동동 구르며, 공중에서 땅과 하늘에 있는 것들이며, 없는 것들을 관조할 것이다.

<u>먼지는 하나의 창이다.</u>
시가 지나가는 창. 창이 열려 있고, 나는 그 창으로 들어가고, 창과 나는 창 사이에 서서 누군가를 기다리고, 나는 그 창과 창 사이에 연필과 노트와 볼펜을 손에 들고 있는 작디작은, 이 아름다운 지구의 대장간의 일인일 뿐.

나는 시와 약간의 거리를 조율하면서, 언어가 몸속에 있다가 발화되는 시점에 번뜩이며, 그 번뜩임 속에 있어지는 문단과 문단 사이의 정교한 스티치를 본다. 이 스티치는 바늘과 실이 서로 나란히 걸어서 도착점에 이를 때, 마지막 지점에서는 멀리뛰기를 하는 식이다. 문장의 바늘이 지나간 자리마다, 이젠, <u>스티치의 흔적은 없지만, 스티치는 깔끔하고 묵직하고, 사랑스럽고, 단아하다.</u>

신성한 글쓰기

　밤새 윗니와 아랫니를 교차하면서 문장을 갈고 닦는다. 그러고는 나는 세수를 하고 달력에 스티커를 붙인다. 오늘도 글을 쓰겠지만, 어떤 모든 문장이 나의 가슴을 열어 안아주고. 같이 울다가 빗물에 씻겨, 나무 위에 놓아주리라, 는 결심과 비슷한 결정을 한다. 밤사이 내린 문장들이 어디쯤에서 나를 기다리고 있을까, 우주 그리고 하늘의 시작인 곳에 도착했을까. 당신이 계신 곳까지 이르고 나면, 우주는 다시 밤이 되고 의사는 누군가를 살리고. 살리지 않아도 살아남을 보겠지. 그러면 모두 문장의 집에 모여, 촛불을 켜고 신성하게 얼굴을 맞대고, 이를 교차하면서 문장을 갈고 닦고 노트로 열심히 옮기겠지. 옮겨지는 글들은 다시 다른 언어로 쓰일 테고. 시라고 불렀던 학문이 데생이 되고, 크로키가 되어서 정리가 되겠지. 문장부호마다 각각의 각주를 달고, 문장의 길이마다 짧고 길게 근엄한 모자의 그림자가 드리워져서, 문장의 주인은 모자의 왕이 되는 것을, 우리는 알고도 남을 시간을 눈으로 묵묵히 보게 되겠지. 사람들이 단어들을 하나씩 줍고, 문단을 깨뜨리고 난 후에 말할 거야. 문장과 문장 사이에 이어지는 문장을 기다리며, 살았던 날들의 보상이 지금 우리들의 눈앞에 있게 되는 거라고.

　우리가 면류관을 기대했던 것처럼!

막심 므라비차

　기억을 잘 더듬어보면, 스무 살이 지나가고 있었다. 우연히 막심 므라비차의 연주곡을 듣게 되었다. 처음엔 피아노 소리를 듣고, 몇 초간 말을 멈추고 있었다. 음표가 내 앞에서 날아다니는 것처럼. 걸음을 멈추고, 생각을 멈추고, 피아노 소리에 귀를 기울였다. 그리고 많은 시간이 지나갔다. 무얼 하면서 지냈는지 다 기억할 수 없듯이 살고 있었다. 우연히 막심 므라비차의 연주를 보게 되었다. 처음의 감격을 다시 기억하게 되었다. 긴 깜깜한 터널을 지나고 있었을 시기였으므로, 연주곡을 보고 들으면서 큰 힘을 얻을 수 있었다. 그리고 한국 내한을 손꼽아 기다리며, 달력에 내한 날짜를 적어두었다. 수요일에는 수요예배가 있어서 공연장을 가지 못했다. 또, 평일에는 학원 근무로 가지 못했다.

　시간은 또 흘렀다. 큰동생에게 막심 므라비차라는 피아니스트를 소개해주었고, 다음에 꼭 내한이 있으면 같이 가자고 약속을 했었다. 드디어 대전예술의 전당에서 내한 공연이 잡혔고, 나와 동생은 그곳에 갈 수 있게 되었다. 신기하게도 가르치던 학생을 그곳에서 만났다. 우리는 한 번도 음악과 피아노에 관해서 대화를 나누지 못했는데, 그 학생이 피아노에 대해, 깊은 마음이 있다는 것을 알게 되었다. 그렇게 기다리던 연주는 시작되었다. 멀리 앉게 되었지만, 멀리서도 그의 연주는 감동과 감격이기만 했다.

　직접 사인을 받은 CD를 너무 많이 들었다.
　사람들에게 이런 아름다운 피아노 음악이 있다는 것을 듣게 해주고, 전해주었다. 그러자 하나둘, 공연을 보러 갔다. 내가 피아노를 끝까지 하지 못한 것에 대한 감정이 남아 있어서 그런 것은 아니었다.

나는 언제든지 피아노를 다시 칠 수 있었다.
그리고 나는 언제든 피아노를 사랑할 수 있었다.

무엇보다 이십 대에 그의 음악을 듣고, 내 마음과 삶이 바뀌게 된 것은 너무나도 감사한 일이었다. 그때는 나 혼자 스스로 된 일이라고 생각했다. 그러나 시간이 지난 후, 신께서 나에게 그 일도 직접 개입을 하셨다는 것을 깨닫게 되었다.

2023년 내한 공연이 있었다. 연주할 때는 공연장이 너무 작게만 보일 뿐이었다. 혹시 나는 그가 비행기에 피아노를 싣고 왔는지 상상을 했다. 공연장 안에서는 여전히 피아노가 날아다녔다. 연주는 너무 빨리 끝났다. 삼십 분 정도 된 것 같았는데, 약속한 시간이 다 되었다. 그가 혼자 하는 연주는, 혼자가 아니라 피아노와 한 몸을 이뤄가는 것을 보여주었다. 사람이 한 분야의 경지에 도달하면, 잃어버린 자아나 신성함이 표현되는데, 그 연주를 보면서 그를 통해 '신의 경지'를 보는 것 같았다. 그 앞에 있는 피아노도 참 작게 보였다.

이번 2024년 부산 공연에서는 나에게 의미가 있는 시간이었다. 임사체험을 겪기 전, 가을날 부산 여행을 다녀왔고, 임사체험을 겪은 후, 여름날 부산을 또 다녀왔었다. 나는 약 14년 만에 부산을 갔다. 이른 아침 부산에 가면서, 그동안 내 안에 있었던 숨겨진 여러 가지의 빛들이 요동했다. 그 빛들은 무엇인가. 진줏빛, 수정 빛, 비취 옥빛, 홍보석 빛, 즉 사람의 손이 닿지 않은 빛들이었다. 그 빛들은 그저 내 안에 있게 된 것이 아니라, 많은 시간을 거쳐 형성한 빛들이었다.

부산에 도착해서 만나기로 한 그녀와 같이 딤섬과 샤오롱바오를 먹었다. 제과점에서 그녀가 빵을 사주었다. 공연을 보기 전에, 근처 카페에 가서 캐모마일을 마시며, 음악을 들을 준비를 했다. 사람들의 모습들이며, 이야기들이며, 나는 축제를 시작하는 기분이었다. 드디어 공연장에 들어갔고, 연주를 기다렸다. 이번 공연에서 새로운 곡들을 들려주어서, 신선했다. 무엇보다 피아노 앞에서 혼연일체를 보여주는 므라비차는 감동적이기만 했다.

집에 오는 길에, 더 열심히 시를 써야겠다는 마음밖에는 들지 않았다. 시가 부단히도 나를 사랑하고 있어서, 길고 긴 여정을 다시 시작하는 기분이었다. 많은 시간을 걸어왔고, 삶을 이겨 냈다. 새 의자를 사야겠다는 마음도 들었다. 그리고 살아 있어서, 이렇게 아름다운 음악을 들을 수 있어서 감사하다는 마음과 피아노가 이제 시가 되겠구나, 하고. 마음이 피아노를 조율하는 것 같았다. 며칠이 지난 후, 파라핀 치료기가 도착을 했다. 중국의 태풍으로 늦었지만, 손가락이 거의 낫고 있었다.

【제4의 벽】 미술관에서

　미술관에 다녀왔다. 평택이었다. 일행은 없었지만 늘 혼자여도 충분했다. 두 분의 선생님도 만났다. 사진을 찍어주셔서 감사했다. 신비롭기만 한 그림들이 전시되어 있었다. 그림을 보며 든 생각은, 천재이시면서도 천재셨구나, 이런 기본적인 생각. 그리고 팔레트와 캔버스를 나뭇가지를 엮어서 **보통 너머의 것을, 그릴 수 있는 화가라는 것.** 전시장에서 그림들을 보고 감전이 되었다. 나는 전형적인 볼트를 가진 사람은 아니지만. 그림과 대화를 나누면서 물감의 농도로 그림이 말하는 쉼표에서, 감상을 조금이나마 할 수 있었을까, 하는 마음에서. 그림을 유심히 보고 또 보면서, 그림이 뿜어내는 엄청난 힘은 언어로 표현하기가 쉽지 않았다.

<u>그림 앞에서,
나는 그림에게서 겸손한 마음을 배웠다.</u>

　그리움이 그림을 만들게 된다면
　둘은 공존하여 세기를 지나가며

　세기 안에서 살아간다는 것은 내 마음에도 흡족했다. 그렇다면, 남긴 예술과 남겨진 예술의 공존과 공유는, 누구나 향유할 수 있는 거겠지. 나는 이런 생각을 하며, 미술관을 나와 평택을 빠져나왔다. 들판에는 액자들이 전시되어 있었다. 분명, 올 때와는 다르게 액자들의 움직임들이 달라져 있었다. 하늘에도 그림들이 구름의 모양으로 있었다. 그리고 전시 회장의 그림은 그날 나에게 다가와, 내 손목에서 형형색색의 붓 터치를 보여 주었다. 세심함과 다정한 그 붓과 붓의 어느 사이에서 있었던, 굉장한 붓 터치를.

*인중을 긁적거리며

이 시를 처음 만났을 때
시와의 조우는 특별했다.

시인에 대해서는 아는 바가 없었다.

이런 시가 있다는 게 놀라워서
시어를 노트에 하나씩 적었다.

나중에는
시를 소리 내어 읽었다.
읽다 보니 시를 이해하게 되었다.

그리고 그때 만났던 사람들에게,

시를 적어서 주거나
시를 보내주었다.

그러고 나면 착한 일이라도
한 것처럼, 마음이 좋았다.

사람들에게 시를 소개해주자
마음에 있던 분홍 망고가 익었다.

성경의 맨, 끝쪽에
나는 이 시를 추가하고 싶다.

*『눈 앞에 없는 사람』. 심보선, 문학과 지성사, 2013년

선운사 동백

꽃이 오면
봄의 동백을 보러 갔습니다

비로소 겨울이
하나씩
꽃잎에 진
눈사람의
얼굴을 보고

봄을
알음 걸렸습니다

봄이
왔습니까

봄이
어디에 앉아
어디로 가는 것을,
그대도 봄이 왔습니까

봄이, 왔습니까

꽃, 마리인

울림이
있는 장소

성당 안은
정적이 가득했다

성당 의자에 앉아
조용히
생각하며
기도를 올린다

슬픔이 없이
살아가는 이들은 더
행복하게 하시고

행복한 이들은
슬픔이 잠시 맡겨둔

또 다른 행복이라
여기고
알게 하시기를

신께 빌고

눈송이의 그림들이 구두에 있었어요

둘러보던 그림들.

지금은 어떤 그림들로 그곳을 채우고 있을까. 일 년에 한 번 정도, 아니 그보다 적은 횟수로 미술관을 방문했다. 운이 좋았다. 전북도립미술관에서 피카소의 그림이며, 백남준의 비디오 아트와 김창열 화백의 물방울 그림을 본 적이 있다. 몹시도 추운 겨울이었다. 미술관 근처의 모악산의 긴 바람이 그림 속으로 들이닥쳐 유독 더 추운 것처럼 다가왔다. 나는 빨강 스커트에, 부츠를 신고, 가방을 들고 미술관을 방문했다.

그림들은 오랜 역사가 있었다. 여기저기 다니면서, 손때도 묻은 것 같았고, 사람들이 한 말로 인해 그림의 키가 커진 것 같았다. 미술관을 빠져나오기가 싫을 정도로, 작품들은 하나같이 완벽했다.

<u>물감과 물의 만남. 캔버스와 물감의 만남.</u>
<u>공기와 물과 물감과 캔버스의 만남이 공중에서</u>
<u>흐드러지게 보였다.</u>

한참을 미술관에 머물렀다. 그림에서 보이는 나의 내면의 마음, 켜켜이 나의 내면에 있던 그림들도 작품을 감상하면서, 더 풍요로워지는 것 같았다.

풍요에 빛나는 그림들,
풍요에 춤추는 그림들,

사이프러스가 있는 과수원

습작기에 고흐의 편지를 읽었다.
편지 내용에는 고흐의 예술적 세계, 자연을 사랑하는 마음, 사물에 대한 예찬, 평범함을 넘어서는 모든 생활의 소중함. 우정을 테오에게 글로 진술하게 표현했으며, 누구보다 산책가였다. 자연을 사랑하며 땅을 거닐면서, 세상에 살되,

세상과는 좀 구별되는 삶을 산 것이다.
편지에 고흐의 내면이 그대로 담겨 있다. 고흐는 후대에 자신의 그림의 명성이 어느 정도일지를 알고 있었다. 또한, 그 당시 자신의 그림이 팔리지 않았음을 담담하게 받아들였다. 고흐에게 배울 점은 남들의 인정을 떠나, 자신이 하고 싶은 예술을 포기하지 않고, 끝까지 삶으로 구현해 낸 점이다. 난 이 부분에서 예술가로서, 고흐는 칭송을 받아 마땅하다고 여긴다.

고흐의 그림값은, 측정할 수 없다고 생각한다.

고흐는 생의 불멸을 그림에 나타냈고, 자신이 살았던 시대의 모습과 따듯함을 베푼 사람들의 모습을 그림으로 그렸다. 그 그림에서는 고흐가 사람들을 생각하는 마음보다, 그 이상의 것들이 담겨 있기에. 그림을 감상할 때, 감동이 더 하는 것 같다. 고흐 그림은 시로 풀어진 물감의 여러 언어 같아 보였다.

그림처럼

그림을 그리면 마음이 맑아진다.
마음이 사각형에 담긴 별이라면,

겹쳐지는 공간의 집합은 나의 옛 습관으로

그림을 보며
별빛을 마구 헤집어 놓는 일,

그림이 주는 참 따듯한 포옹의 시선이다.

더 나아가 그림을 그린 이의
내면에 있는
호흡이 캔버스의 터치에
그대로 투영되는 질감들,

세상에는 감출 수 있는 것이 없는 것처럼,

그림은 정직하다.
작품이 알고 있으며 색이 우리에게

화가의 마음을 말함으로 완성되는 세계를,

당신의 어깨에서 툭툭,
지금, 두드리고 있다.

텀블러

나는 텀블러가 많다.
계절이 바뀔 때마다 텀블러가 늘어났다.
또 사람들이 선물로 주기도 했다.
텀블러가 부엌에서 구르고 있다.
엄마는 텀블러를 갖다 버리라고 한다.
오늘 나는 수업을 하러 간다.
텀블러 세 개를 챙겨서 나간다.
수업이 끝나고 집에 돌아와 부엌 식탁에
텀블러 다섯 개를 올려놓는다.
엄마는 또 텀블러가 늘어났다고 한다.
나는 나지막한 목소리로 조만간 사라질 테니
신경을 안 쓰셔도 된다고 말한다.

다음 날 수업을 하러 가기 위해
또 텀블러를 챙긴다.
물에 섞인 비트 차, 물에 융해된 생강차,
나는 텀블러를 가방에 넣는다.
엄마는 내 묶음 머리카락 뒤에서
오늘은 텀블러를 집으로 아예
가져오지 말라고 한다.
나는 지금까지 내 텀블러는 한 번도
가져본 적이 없었다고 말한다.
얼른 텀블러를 챙겨 나는 다른 도시로
여유롭게 텀블러를 메고 떠난다.

자작나무

좋아하는 나무 중에 자작나무가 있다.

작은 나무 한 뿌리를 주문해서, 처음으로 앞마당에 자작 묘목을 심었다. 큰 포부가 있었다. 아직 묘목이었기에, 같이 자라는 모습을 지켜보는 게 나름대로 의미가 있을 것 같아서 기대를 한껏 했었다. 처음엔 물도 잘 주었고, 햇빛도 적절하게 자작나무에 내리쬐고 있는 것 같아서, 잠을 잘 때도 기분이 좋았다. 다음 날 자작나무를 볼 수 있다는 생각에, 일찍 잤다. 며칠이 지나갔다. 나무는 시름시름 앓는 목소리를 냈다. 이유는 알 수 없었다. 환경이 안 맞았는지, 내가 물을 너무 많이 준 것은 아닌지, 햇빛이 너무 강했는지, 도저히 이유를 찾을 수는 없을 것 같았다.

자작나무를 심고 마음속에 부푼 기대를 했는데, 일찍 나무는 내 곁을 떠나간 것만 같았다. 자작나무를 좋아했던 건, 나무의 껍질이 하얗기도 하얗고, 무엇보다 작으면서 곧고 바른 모습이 경외심을 불러일으켰기 때문이다. 어릴 때, 본 '햇살나무'라는 만화 영화를 보고, 나무를 사랑하게 되었다. 나무를 보면, 조용히 나무가 놀라지 않게 인사를 하고, 꼭 안아주는 습관이 있었다. 일찍이도 떠난. 이제 작았던 자작나무는 내 안에서 자라고 있으니. 나의 마음의 안쪽에서 언제나.

사려 깊은 나의 숲

산책은 나의 취미이자 특기이다. 산책은 나의 철학 선생님과도 같다. 나무는 나의 정권의 우선순위이다. 나무도 나무만의 규칙으로 사랑을 하고, 이별한다. 나무를 보고 나뭇잎의 무늬를 찬찬히 만져보면, 나무의 피부가 어떤 말이라도 내 손에 담아 놓는 것 같고. 그러면 나는 얼른 펜과 종이를 가져온다. 나는 조용히 또 나무의 말을 나뭇가지에 조용히 두고, 그 말이 숲의 그림자들과 해의 기둥과 달의 자전거와 별의 종이컵들이 함께 곡선을 이루는 걸 유익함으로 여긴다. 단체로 늘어선 우주 아래,

각각 지구의 구성원으로 살아가는 것을 감내하는
모두의 천천천의 빛빛빛.

빛들은 온전하다. 빛들은 숲을 이룬다.

숲과 빛은 하나의 자리에 있어서 뭉클거리게 뭉클함을 맞는다. 나는 빛이 있어서 좋다. 빛은 쓰다 만 원고를 빛나게 하는 성분을 지니고 있다. 미완성의 원고에서 숲의 가지들이 새 잎사귀를 만들어낸다. 뿌리에 있는 싱싱한 당근 주스가, 책의 모서리에서 흘러내리고 있다. 숲에서 일어나는 일은. 지금 가장 중대하다. 그러므로 숲은 완전성을 이룬다. 사물들이 숲에 있다. 우리는 숲으로 가야 한다. 잃어버렸던 책을, 그리고 그 많았던 무수한 그림자들의 일대기를 찾아, 나뭇가지에 걸어두자. 공룡들도 숲으로 오고. 새들도 집을 만들고. 나무들과 노래를 부르자. 바로 지금. 원고가 완성을 이루는 노래를 부르자.

쓰는 시간

웃을 수 있구나

이건
있지

웃음이야

봐,

얼마나 많은
글자의 웃음들이

도로 위에서
쏟아지고 있었니,

담지 않아도 돼

언제나
너는

그때의 그곳에서
웃을 수 있지

더할 나위 없이

앞으로 나아오는 문장을 적는 일은 행복하다.

펜 끝에서 글자는 전송되고
제일 먼저 보게 되는 말,

음악도 이런 속성을 지니고 있지.
마디마다 음표가 있고 쉬는 지점이 있다.

마치 띄어쓰기처럼,
잠들기 직전 떠오르는 얼굴 하나,
그대의 미소 짓는 장난스러운 웃음 하나,

불순물이 다 빠져버린 텔레파시,
전송하면 주파수가 한 개의 수직으로만
상승하기만 할 것 같은 밤의 도시.

밤은, 나에게 앉아 있는 시간을 허락한다.

내가 아니어도
되는 행복을 주는 것을 허락한다.

작가와 독자 사이에 있는
돌다리를 건널 수 있게 한다.
글은 이곳에서 시작하고
글은 저곳에서 끝이 난다.

화자

시를 쓸 때,
시인이 아니어도 되는 사람이다.

시에서는 내가 좀 못되어도 좋고,
착하지 않아도 되고, 다른 주인공이 되기도 한다.

그러면 뭐 어떤가. 나는 시라면, 이제 더 포기할 것이 없다. 시보다 더 그 위에 있던 게 있었던가. 지금까지도 시를 꺾을 수 있는 게 없기에, 참 안심이 되어 쓸 수 있다는 생각이 든다. 시에서 화자는 내가 되어도 내가 되지 않아도 된다. 즉, 투명한 화자라고 말한다. ~~또,~~ 화자가 ~~아예~~ 드러나지 않아도 된다. 일종의 시는, 시의 화자는 나의 도피처가 아닌, 즉. 돌파구이다.

그렇다면.

시에서는 얼마든지 다양한 주체가 되어도 좋은 것이다. 시의 주체, 나라는 사람의 주체가 시 속에서 시어들과 화합을 이루며 만드는 예술 또한, 다 좋은 것이다. 이렇듯 시와 화합이 되는 것은, 작품에 옷을 입히는 일이다. 나는 겉옷을 입히고, 색을 칠한다. 마카로 정교하게 칠하고, 시의 마음을 고요히 다듬는다. 색이 창가에 내비치고. 내비친 그림자가 나를 보고 고요히 웃는 것을 보고는. 시를 그렇게 가꾸어가는 일을.

시 쓰는 것

시를 쓰는 것이 좋아서,

거의 시만 쓸 때였다. 만나는 사람들도 손에 꼽을 정도였으니. 하루에 시를 열 편은 써야 시가 늘지 않을까 생각했다. 그래서 어느 시기를 정해 놓고 하루에 시를 열 편씩 창작했다. 시를 쓰면서, 시의 껍질을 하나씩 보는 것 같았을 때였다. 그러다 시는 알맹이를 조금씩 보여주는 것 같았다. 그러다 시 쓰는 법을 잃어버리고. 시를 찾아다니기도 했다. 그래서 화분에 꽃씨를 심고, 가꾸는 일이 시 쓰기와 같다고도 여겼다. 시의 시심을 마음에 가지고 있는 정원사가 꽃이 되는 처음의 씨를, 화분에 심고, 싹이 나오기를 바라는 마음. 싹이 나와서 꽃이 피기를 바라는 마음. 꽃이 핀 후에 꽃은 화분에 떨어지고 진 후, 열매가 열리기를 바라는 마음. 시가 발화되는 지점에, 정원사가 가꾸는 화분의 꽃씨가 땅에서 다른 형체로 바뀔 때. 즉 정원사가 처음에 가진 의도와는 달리, 시의 주체적인 역할에 의해, 많은 복합적인 과정을 거친 후, 탄생하는 시는 영감과 자연적인 재료에 의해 수정이 되어, 한 편의 꽃을 피우는 시처럼, 정원사는 이제 막 시인으로 세상에 나온다. 서로의 힘이 있었기에 가능했고. 어느 한쪽으로도 치우쳐서도, 치우친다면 원점으로 가는 것이다. 그래서, 이런 시심을 통한 발화 과정이 있고, 즉, 시를 사랑하는 것도, 시는 시인보다, 그 누구보다 잘 알 것을 알고.

예쁘지 않지만 예쁠 수 있는

나는 예쁘지 않다. 하지만 예쁠 수 있다.

컵에 담긴 물의 생각이 고유하듯
앞으로 내가 예쁠 수 있다는 가정을
고유하게 여긴다.

자, 내가 이제 예뻐지기로 한다.

과거의 예쁘지 않은, 또 그렇게 예쁘지 않게
반복한 것을 파란 생수통에 넣는다.

생수통은 파랗게 이제 없다.

예쁘지 않던 나도 이제 아예 없다.
나는 이제 예쁘다. 예쁘고 예뻐서 예쁘다.

예쁠 것을 마치 알았다는 듯이.

예뻐서 예쁘고
예쁜 각도로 있다.

기분이 점점 나아지는 감각의 사유가
더 확장되어 간다.

예뻐짐으로, 예쁘지 않음을 이제 알지 않는다.

베개는 말을 타고 날아가고

베개는 접어서 땅의 씨앗으로 삼자.

그럼 베개가 열리겠지.
나무가 자라고 베개가 열리면
새들이 와서 꿈을 꾸벅꾸벅 접겠지.

우리 사이가 좋았던 것처럼.

흠
이건 비유가 아니다.
사유로 인한 오해는 더더욱 아니다.

절대적인 것은 없을 거라
여기면서 지내왔는데,
베개가 절대적이라는 것을
베개 나뭇가지를 통해 깨달았다.

베개는 할 일이 많아서, 비행기를 탔고.
승무원들은 베개를 극진히 대했다.

아.
베개여 부르면 곧장 날아오는
너의 위대함이여.

날아가는 나의 누워있던 호두과자여.

내가 나에게

　우산이 있었지 아주 노랗고 튼튼한 우산 하나 나는 거리를 걸으며 낙엽 소리를 우산을 통해 들었어 그 어떤 나라에서도 볼 수 없었던 거리였지 언제 내가 그 거리를 갔던 적이 있었던가, 하면서 나는 나에게 우산을 접으며 말했어 우산은 노란 빗소리를 들려주곤 했었지 지나온 길들을 보여주는 것 같았어 부산에서의 기억은 참 아름답게 남아 있었지 바닷가의 모래알처럼 눈부신 일들이 내 앞에 있게 되리라곤 난 예상하지 못했었거든 가는 길마다 꽃송이들이 신발에 앉아 있었고 만났던 지구인들은 모두 모자를 쓰고 있다가 모자 속으로 사라지는 것을 가끔씩 목격했었지 나도 언제든지 모자 속으로 들어갈 수 있는 권한은 있었지 모자가 걷는 길은 둥그렸지 택시들은 바퀴에 물갈퀴를 달고 다녔어 자전거의 날개가 낙엽처럼 곱고 고왔지 시간은 흐르지 않게 나도 거리의 의자에 앉았지 정작 쓸 수 없었던 그 많은 시간이 한꺼번에 겹쳐지는 걸까 변한 것은 언제나 없고 나는 늘 여전했지 봐 저기 구름 위에 있는 색을, 그러고는 나는 우산을 가방에 넣었지 물드는 것이 이처럼 예쁠 수 있다는 것을 다시 확인하게 되었지 바람 너머 들리는 파도의 물결도 높은 건물 사이에 날아다니는 나무들도 어린이의 발걸음처럼 경쾌했어 버스에 타고 있는 구름들도 인사를 했고 지나가는 기차는 쉬엄쉬엄 호흡을 했어 초록의 길도 예쁘게 있었어

6부

그래서 그가 좋았다

천지창조

에덴에는 신의 사랑이 있었다. 신은 아담과 하와와 같이 있었다. 아담과 하와는 옷을 입지 않았다. 옷을 입어도, 옷을 입지 않은 것과 같았다. 평생 흙으로 살아가야 했다.

첫 아담은 후손과
마지막 아담은 각기 다르게 구분이 되리니,

하루에 천년이라는 신의 계산법처럼
아담은 훗날 천년처럼 나타나게 되리라.

그때 있었던 에덴동산에서 걸으며, 죄는 없어지고, 검은 나무가 연소가 되는 것을 보게 되리라. 모두가 보는 앞에서 까맣게 타버린 잿더미에 있어서,

태초의 신이 만든 본래의 모습같이 바뀌어지고.
바뀌게 되므로. 사람들이 떼를 지어 오리라.

누군가는 손에 들고 있는 것이 있고,
누군가는 가방을 메고 오는 이도 있을 것이고,
또 누군가는 마지막으로 있게 되는 이가 있으리라.
그것도 다 열거하기에는 지나쳐버려서
이제는 신이 말하기를 누군가에 대한
기록한 이름조차 부르지 않아도.
부름으로 있는 말들이 천지에 가득하게 되리라.

은

　은색은 나를 좀 더 시인답게 하는 색이라 산뜻해진다. 마치 세공사가 잠이 든 상태에서 빚어낸 색 같다. 은색 구름, 은색 하늘, 은색 반지, 그리고 은의 모든 향기. 은색으로 내리는 눈이 온다면, 은색 눈사람을 만들고, 은색 팔찌를 채울 것이다. 은색 구두를 신겨서 자동차도 같이 타고 카페에 가서 차도 마시고. 영화관에서 팝콘도 먹으면서 은색 대화가 오고 가는 밤엔, 따듯한 은색 눈사람의 손을 다정하게 잡아줄 것이다. 춥지 않게 목도리와 장갑도 챙겨주고, 텀블러에 핫초코를 타 주어야지. 따듯한 컵에 달콤한 차를 마실 수 있게 해주고, 잠이 들면 은색 단추들을 잠시 떼어서, 촛불 책의 산뜻한 빛으로 삼아 글자를 밝혀야지, 그리고서, 노랑 장미를 사야지, 꽃잎을 말려서 창가에 걸어두고 노랑꽃이 다시 싹을 피우는 것을 보게 되겠지. 시작은 언제나 컸어도 중간 지점에 왔을 땐 더 커졌을 테고, 마지막 꽃봉오리가 하늘을 덮고 꽃씨를 또 틔워내겠지. 그럴 거야. 관심사는 점점 더 관심 밖으로 더 큰 세상을 이룰 테니, 은과 노란 꽃의 지경은 점점 더 자라가서 우주와 우주 아닌 것들까지도 품고도 남을, 은.

푸른 수초

 당신에게는 어떤 향으로, 남게 될지 나는 그게 호기심을 불러일으키기도. 튤립의 인형이 있는 화분에 물을 주면서, 식물들이 마시는 물방울의 색들도 꽃잎에게는 어떤 향일지, 어제와 오늘도 다른 향을 뿜고 있는 햇빛이 있기에, 당신의 하루가 무엇에 호기심을 품고 있는지를. 나는 알 수 없고 이렇게나마 글자를 적어가고 나를 적어가고 있으며, 하얀 도화지에서 흘러내리는 바람의 물결들, 그것이 사랑이 되지 않는다 해도, 초록의 계절이 다녀간 어느 하늘에, 더는 눈물짓지 않아도 되는 꽃들이, 바람마다 멈춘 얼굴들, 그 얼굴들 사이로 드나드는 그림자의 영혼들, 그것을 사랑이라 부르지 않아도, 이미 있었던 것들에 대한 크로키화를 보는 것, 보고 있던 것들에 대한 훗날의 일들이, 도화지에서 요정들은 벽돌을 쌓고 있고, 그 벽돌을 나르고 요정들이 있고, 깨진 벽돌을 메우고 바람을 붙여 더는 또 슬픔이 새어나가지 않게, 마른 눈물마저도 도화지와 벽돌 틈에서도.

안경

여고 시절부터 안경을 쓰기 시작했다. 버스에 있는 글자가 안 보여 버스를 놓치고, 잘못 탄 적이 있다. 안 되겠다 싶어 안경을 맞췄다. 안경 쓴 나와 안경을 쓰지 않은 나, 차이점은 무엇일까, 생각했던 나. 하지만 나는 안경을 잘 쓰지 않았다. 한 장소의 분위기를 보는 일, 병원으로 가던 친구, 열심히 가르쳐주신 선생님의 눈시울, 그렇게나 너무 속속들이 드러나는 게 때론 쑥스러웠다.

서른두 살, 레이저 수술을 받았다. 비로소 요한복음 9장에 나오는 소경의 마음을 헤아릴 수 있었다. 수술 후 눈부심이 강해 선글라스를 끼고 글을 썼다. 쓰면서도 즐거웠다. 까만 안경 사이로 글자들이 하나씩 자판을 통해 나오는 것을 보면서, 입력과 출력을 봄으로 나의 습작기가 시작되었다.

나에게 글을 쓴다는 것은,
여전히 안경이 있고,

이제는 써 놓은 글이 나를 이제 위로해 준다는 것,

만약, 돌이킨다 해도 다시 간다고 해도 그때나 지금이나 거울 앞에서 안경을, 들었다 놨다 하며, 글자를 적으며 웃고 있는 내가 있겠거니.

백석 논문

여전히 글은 나를 통과해 왔는지,
아니면 시간이 흐른 건지, 예전의 쓴 글은 이제
내 손을, 벗어난 건지도 모르겠다. 더 큰 세계로,

나아갔으면 좋은 거겠지만,
그렇지 않아도 괜찮은 일.

석사 논문의 초고를 완성하고, 세종 도서관에 다녔다. 논문에 몰두해 있을 때, 만나던 사람도 없었다. 매일 집에 일찍 귀가를 했다. 백석이 기다릴 것만 같았다. 논문을 쓰면서, 백석 시로 위로를 받고, 몸도 마음도 건강하게 보낼 수 있었다. 몸에 좋았던 백석의 시, 고소하고, 달콤하면서도 시기도 하고, 쓰기까지 해서 몸에 약이 되었던 백석의 시. 그리고 백석의 동심이 담긴 사랑스러운 동화시들.

그 시간은 논문 속으로 묻혔다.
지나온 것은, 글자 안에서 어떤 모습을 만들고 있을까. 그때의 내가 쓴 글과 현재 내가 읽는 모습을 어떻게 부를까.

부르는 말이 하나라면
들리는 말은 몇 개가 될까.

불빛의 신호 그리고 불빛의 여러 시차일지도.

알레르기

면역력이 약해지면 알레르기를 앓는다.
수포가 생기고, 다래끼가 나고
입안에 이름을 모르는 꽃이 피어오른다.

입속에 담긴 꽃이 어찌나 환하고 다정한지,
나는 향기로 배가 부를 지경이 된다.

물 한 잔을 마시면서 하루를 보내고.
병원에서 받아온 알약을 천천히 삼켜본다.
알약은 몸속으로 잠식하고, 일과를 시작한다.

적당한 시간에 산책을 하고, 나뭇잎에도
생긴 수포를 본다. 수포가 공기 중에 있고.
나는 그 그림을 머릿속에 담는다.
시간은 수포처럼 연속적으로 흘러간다.

우리의 상처가 나아서,
사랑도 이별도 아닌 역에서
알레르기를 담은 상자를 하나씩

마음에 가득 품고 살면서 또 살아가면서,

각자가 가진 상자를 부둥켜안고
지내는 것은 아닌지, 생각한 비 오는 계절.

한지

한지가 주는 편안함,
종이에서 누군가의 마음을 살짝이나마
엿볼 수 있을 것 같은 오늘. 그게 오늘이라면,

매일이라도, 당신의 마음을 한지가 들고 있을 수 있겠다는 그러한 마음. 나는 그러하기에 당신을 들기에도 벅차겠지만, 나는 당신의 생각을 높이 들고, 나는 당신의 말을 높이 들며, 나는 당신의 매일을 높이 들겠습니다. 당신의 안경과 신발 끈이며, 생수병이며, 무겁고 무겁기만 한 글자들이 촘촘하게 가득 차 있는 볼펜까지도.

종이는 편안하다.
사람들은 종이로 인해 평안함을 느낀다.
이 종이로 인한 탐구의 여정은 끝나지 않겠지.

<u>사람들과 종이는 한 줄로 이어져 있다.</u>

육체를 넘어선,

이어짐의 크기는 서로의 성장을 위해 미리 기획하고, 계획된 둘만의 영원한 계약. 그리고, 영원을 위한 시간이 둘만의 결합으로 이루어진, 많은 이들을 위한 혼합. 사랑을 위해 쓰는 시간이 종이에 담긴 나날들.

백살 공주

어린이들이 적어놓은 글자.

이 단어가 한동안 나를 따라다녔다. 때론 어린이들이 공부할 때, 부러지거나 뼈가 아픈 곳으로 가는 병원의 항목을, 정형외과가 아닌, 인근 병원의 이름을 썼을 경우, 나는 크게 동그라미를 해준다. 나는 그것이 틀리지 않았다고 여긴다. 어린이들이야말로 현실적이고 얼마나 객관적인가. 어린이들에게 배울 점이 참 많다. 나를 어른다워질 수 있게 한 시간. 내가 조금 더 순함에 있을 수 있던 시절이었으므로, 감사하고도 좋은 날들, 다시 그 시간이 오더라도 어린이들과 함께 지낼 수 있을 것 같은. 다시 이 세상에 온다고 해도, 어린이들을 만나고 가르치고 사랑하며 지낼 것이다. 어른들은 나에 대해서 잘 모르지만, 어린이들은 말을 하지 않아도 나와 내 마음을 잘 알아준다. 물론 모든 어린이가 다 나를 좋아할 순 없겠으나. 그렇게 몇몇 어린이들은, 몇몇 어린이들이면.

어린이들이 가진 마음에는 큰 마법이 있다.

나는 그 마법을 믿는다. 그건 바로 있는 그대로 보는 마법, 있는 그대로 사랑하는 마법, 있는 그대로 듣는 마법, 있는 그대로 받아들이는 마법, 있는 그대로 웃는 마법의 일, 있는 그대로 우는 마법의 일, 그래서 꾸밈이 없어 꾸미지 않아 늘 어린이처럼 살아갈 수 있는 나의 마법.

기쁨으로

제조한
슬픔 뒤에

환하게
서 있는

그 웃음 말이야.

고흐의 해바라기

어린이들과 고흐의 보석 십자수를 했다.
작은 큐빅 한 알, 그리고 숫자에 박힌 손길,
작품을 완성하는 시간은 재미가 가득하다.
수업이 끝나고, 어린이들은 교실로 갔다.
나는 혼자 남아 남은 보석 십자수를 완성했다.

나는 토끼 한 마리처럼,
보석 십자수도 먹고. 비도 맞고. 장화도 신고,
수업도 하고. 책의 서랍에 들어갔다가 나왔다가.
그림책을 읽고 즐겁기만 한 여름이었다.

우산이 창문을 통해 날아가는 것을
훨훨, 날려 보내주니 즐겁기가 그지없었다.

고흐의 해바라기,
꽃잎마다 빛의 물방울이 움직인다.

걸어 다니는 물방울,
그윽한 꽃잎의 향,

여름이 아늑하기만 한 날씨이다. 해바라기 보석 십자수의 퍼짐이 울림으로, 울림은 퍼져가기만 하고 있다. 만든 물건에는 마음의 혼이 담기고, 해바라기에는 고흐의 눈물 보석이 있다. 손끝으로 떨리는 미세한 꽃잎의 진동, 그 설레기만 한 움직임이 가지런하게 있다.

희곡

언젠가 우리가 문학이라 생각한 것들은
문학이 되지 않을 수가 있다.

또 언젠가 본 하늘도, 구름도, 천국도.

그래도 그 모든 게 물방울의 물거품처럼
물보라를 만들고 인어공주가 빨강 모자를 쓰고
숲속에서 백설공주를 만난다 해도.

잠자는 숲속의 미녀는 시를 쓰더라도,
그게 촉발되는 시의 지점이라 할지라도.

시는 여전히 쓰든 안 쓰든 있겠고.
그대도 있겠고, 그대의 맺힌 눈물도 웃음도
있을 테니, 우리 같이 나무숲을 걷게 된다면.

숲속을 걷는 법을 익히자.

무대 위 커튼 홀에서 블랙 티를 마시면서,
객석을 감상하고. 관객의 자리에 앉아 있는
꽃다발이 시들지 않는 것을, 늦지 않게 보고

상상이 낳은 그 먼 발취를 따라.
예술가들의 일대기를 몽땅 삼켜버리고.
문학이라고 여기지 않은 것을 안아주자.

미를 위한

누워서 시를 읽고 시를 쓴다.

새들이 와서 허리를 차근차근 밟다가 잠이 들었다. 내 허리에는 아무래도 요술 항아리가 있는 것 같다. 책상에 누워서 쓴 시들은, 누워서 쓴 시 같지 않고 누워서 지은 글 같지 않다. 빗방울도 누워서 내린다. 그걸 아는 이는 몇 명이 없다. 언젠가 이걸 아는 이를 만나서 흥을 내며, 박수 세 번을 짝짝짝, 치고. 책상에 누운 채 종이와 눈빛의 대화를 나눠야지.

이젠 눕지 않는다.

나는 많이 누워 있었다. 누워서 보았던 하늘의 아름다움은 여전히 간직하겠지만. 이젠 일어나 유리문을 열고, 새를 보며, 음악을 그리고, 문자에 대한 배열을 맞춘다. 누웠던 시간이 있었기에, 이제 눕지 않을 수 있었던 거겠지. 새들이 날기 위해 수많은 날갯짓을 몸으로 했던 것처럼. 나는 얼마나 많은 시간을 그래왔던가. 휘휘 바람이 휘휘 날개를 달고 멀어져가는 것을 본다. 보고 나는 바람의 날개를 잡고, 바람의 말을 듣고, 바람의 마음을 알아갔던 시간. 그 시간이 아름다웠다며.

밥 꽃

　의사 선생님께서 흰밥을 먹으라고 하셨다. 이젠 흰밥을 먹는다. 흰밥에서 쌀과자 향이 난다. 흰 쌀밥이 한 입, 한 입 입으로 들어올 땐, 나는 쌀밥이 담은 쌀 꽃, 흰 쌀 꽃, 또는 흰밥 꽃이 되는 듯하다. 내 몸에 있는 쌀의 흔적, 또 밥의 수많은 갈래가 무궁무진하게 천사의 뱃속에서부터 먹어온 흰밥, 흰밥이 없으면 안 되는 내게는 모자 같은 흰 쌀밥인.

　쌀밥을 먹으며 쌀에 새긴 농부의 마음을 조용히 응시한다. 농부는 물러남이 없는 발자국으로 땅을 밟으며, 심고 가꾸고 농작하였으리라. 사브락사브락, 쌀이 되기 위한 벼꽃은 봄부터 가을의 온몸으로 태양을 받아내고, 굵은 바람과 모래비와 꽃비를 이겨내며 불굴의 의지로 살아남았으리라. 자신을 위해서가 아니었기에, 소실되는 게 아니라는 쌀의 불변의 법칙이 있었기에, 가능했으리라.

립

나무가 있는 길을 걸으면
바람 소리가 귀의 잎사귀에서 펄렁거립니다.
나는 나무가 흔드는 소리도 좋고,
바람이 흔들다 쉬어가는 잠시만의 나날도
더 좋아질 것 같은 칠월입니다.

유월이 아쉬움 속에서 가버렸으나, 칠월도
좋아지는 요즘입니다. 현재에 있다는 것은
내가 현재의 사람이라는 증거겠지요.

좋은 것은 이 세상천지에 있죠. 모두가
신의 언어로 지어진 것. 천사들의
손길이 있는 지구, 나는 회전하고 걷고
고요히 당신을, 생각해 봅니다.

당신의 목소리를 생각해 보고,
목소리에 담긴 우주를 열어봅니다.

먼 나라에서 자동차를 타고 온 열기가 있습니다.

사람들은 말할 것이고, 듣지 않을 겁니다.
당신은 그 목소리에 아랑곳하지 않았습니다.

이 목소리의 근원은 신이 주신 거라고.
입술이 공기에 부딪히듯이 말을 하고 말을
가지런히 공중에 던져 놓을 것입니다.

슬라임

어린이들과 슬라임을 한다. 슬라임의 감촉은 부드럽다. 만약 밀가루의 반죽이 이런 느낌이라면, 누구나 밀가루 반죽을 하면서 재밌어하겠지. 슬라임을 좋아하는 어린이들. 그 옆에서 나도 즐거워하면서 슬라임 놀이를 한다.

마치 시를 쓰는 것 같다. 시의 문장의 구조를 옮기고, 시를 쓰고, 시어를 골고루 배치하는 것처럼.

슬라임을 하면 시가 보일 듯 말 듯 한다. 아니, 어디 슬라임뿐이겠는가. 요즘에 슬라임을 자주 접하면서, 슬라임 안에 그 어떤 것이 들어 있는지 사유를 했다. 어린이들에게는 슬라임이 나에게 시처럼, 재미있는 것이다. 나도 나를 끌고 가는 언어에게 몸을 맡기되, 시 쓰기를 놀이터의 놀이기구의 하나로 삼고 있는 것이다. 놀이터에는 얼마나 많은 놀이기구가 있는가. 놀이동산에 놀이기구가 있듯이, 문학이라는 놀이 공간의 수많은 장르 중에서, 나는 시가 나와 가장 잘 맞고. 시가 나와 숨을 쉬기에 편안하다고 여기는 것이다. 시 산문집을 쓰는 근래에는 시와 산문으로 숨을 쉰다. 호흡이 평상시처럼, 글을 쓰며 투명하고 맑아진다. 얼마나 위안이 되는 놀이인가. 이처럼 놀이이기에 손을 닦고 수건으로 이마의 땀방울을 적시고, 다시 손을 씻고 놀이기구를 타듯이, 시도 산문도 다시 쓰면 되는 일이기에.

나의 리을 리을

꿈이었지

나를 찾아왔어
그 먼 곳에서 말이야

내가 있는 곳을
아무도 모르고 있었는데

너는 내가 어디에 있는지
무엇을 하는지 알았어

나는 내가 있는 곳을
전혀 알 수가 없었어

길을 잃었다고 생각했지

그게 아니었어

널 만나기 위해
나는 길을 떠났던 거였어

미지의 길과
미지의 길을

십자수

　십자수를 한 적이 있다. 어려서부터 손으로 뭐든 만들고 꼼지락거리는 것을 좋아했다. 내 손으로 만든 공예 작품을 보면, 기분이 좋았다. 초등학교 실과 시간에 바느질. 겨울 방학에 혼자 혼자 퀼트 하기. 고등학교 1학년 때 만든 토끼 쿠션. 고등학교 2학년 때 만든 십자수 시계. 도안에 있는 그림을 보고, 십자수로 수를 놓았다. 바늘과 실과 나는 한 몸을 이루면서, 밤이 늦어지는데도 십자수를 했다. 다 잠든 밤에도 십자수를 했다. 밤에 혼자 깨어서 책을 읽는 것도. 편지를 쓰는 것도. 바느질하는 것도, 다 재밌었다. 완벽한 바느질은 아니었지만, 점점 완성되어 가는 모양을 보면서, 뿌듯함을 느꼈다. 그렇게 시작한 실과 바느질과 나. 그 뒤로 성인이 되어서도 가끔 십자수를 했다. 이따금, 바느질에 취미인 분들을 보면 괜히 반갑다. 하지만, 이 공예의 블랙홀이 있다. 한 번 빠지면, 헤어 나오기가 어렵다는 것이다. 뭐, 공예만 그러한가. 하나의 작품을 만들면서, 완성되는 모습을 생각하면서 수를 놓는다. 눈이 피로해지고, 어깨가 앞으로 쏠리고, 엉덩이에 식은땀이 난다. 시간은 가는 줄도 모르고, 바느질 삼매경에 빠진다. 그리고서, 이번 작품만 끝내고는 좀 쉬어야지, 속으로 혼잣말하면서도. 이미 머릿속으로는 다른 작품을 생각하고 있다. 하지만, 뭐 어떤가. 나를 행복하게 하고 뇌를 신선하게 하는 바느질이라면, 좋지 않은가. 손가락 사이로 지나가는 실과 바느질의 꼼지락거리는 꼼꼼을.

미안, 사탕

좋아하는 그림책이다.

어린이들과 첫 학기에 수업할 때,
맨 처음 그림책을 같이 읽는다. 이 책에 관해서라면, 나는 사랑하는 수준을 초월해 있다. 일단 이 책을 수업하는 날엔, 그 전날부터 입가에 미소가 올라온다. 여자 어린이와 남자 어린이 셋이 사탕 가게에 오면서, 벌어지는 일을 그림책으로 잘 담아냈다. 아이들에게 화를 내지 않으면서도, 아이들의 행동이 잘못되었음을 깨달을 수 있게 해주는 사탕 가게 주인 호이 씨의 지혜가 담긴 책이다. 어린이들에게 곧바로 잘못에 지적하기보다는, 스스로 일깨워준다는 점에서 가치가 있다.

호이 씨는 일반인보다 지성이 뛰어난 인물이다.
어른들은 호이 씨가 어린이들에게 잘해주는 것에 대해 못마땅하게 여긴다. 또한, 어린이들이 버릇이 나쁘게 든다며, 호이 씨를 나무란다. 또 사탕 가게에 온 손님이 흉흉한 소식을 전해도, 호이 씨는 언제나 웃는 얼굴로 사람들을 대한다.

이 책은 어린이들에게 읽어주기에 좋은 책이지만, 내 생각엔 어른들도 읽어야 할 책으로 생각한다. 잃어버린 순수한 동심과 기다려주는 마음을 어느덧 잠시, 다른 곳에 두고 세상을 살아가고 있는 건 아닌지, 그런 생각이 드는 이라면, 그림책을 눈과 마음에 담아둬야 한다고 생각한다.

백신

3차까지 백신을 접종했다.
코로나 당시 프리랜서로 수업을 했기에,
백신은 꼭, 접종을 해야 했다.

그런데 몸이 많이 안 좋은 상태에서 백신을 맞고, 이전보다 더 체력이 안 좋아졌다. 처음에는 단순한 피곤으로만 생각했다. 평일 오후 수업과 토요일 특강 정도로 했는데, 집에 오면 쓰러지기 다반사였다. 과거에 매우 아파서, 이후 건강에 엄청 신경을 썼다. 왜냐하면, 나는 면역력과 기초 체력이 없으면, 감기와 알레르기 같은 면역력이 약한 증상들로 괴로운 나날을 보내야 했기 때문이다. 이것은 일상생활을 하기에 아주 쥐약이었다. 하지만, 아팠던 것도 한편으로는 축복이었다. 남들보다 체력이 약하니, 체력을 키우기 위해서는 비가 오나 정말 눈이 오나, 꾸준히 산책을 병행했다. 처음엔 달리기도 했다. 달리고 나면, 심장이 몸 밖으로 나올 것 같은 느낌을 받았지만, 내가 살아 있고, 숨을 쉬는 소리가 심장에서 나에게 알리고 있는 것 같았다. 그 느낌도 가슴 벅찰 정도로 좋았다. 그러나 나에게 맞는 운동은 삼십 분에서 사십 분 정도 산책을 하는 것이 딱 맞았다. 그리고 가벼운 스트레칭이나, 간단한 아사나 정도가 맞았다. 무리하게 운동하면, 다음 날 생활에 지장을 준다는 걸 알았기에, 무리하지 않으려고 했다.

예전에 그렇게 단련한 체력이 글을 쓰기 시작하면서, 운동하는 시간조차 아깝다고 여긴 적이 있었다. 글쓰기에 몰입하면서, 한 글자라도 더 읽고 싶은 마음이 들었다. 글과 관련된 것이 아니면, 일단 그렇게 좋아하던 여러 가지 나의 취미 생활도 정리가 되었다.

그런데, 걷지 않으면 안 되었었다.

일과가 끝나면, 근처 호수나 강변을 걷는 것이 루틴처럼 자리 잡았다. 그나마 산책은 나에게 운동도 운동이지만, 정신적인 위로와 평안을 선물로 주었다. 나의 뇌는 복합적이고 다양한 구조를 지니고 있었기에, 적게 생각하고, 생각을 정리하기에는 산책이 한 몫을 했다.

결론적으로, 백신 주사는 너무나 아팠다.

1차를 접종했을 때도 아팠다. 2차도 아팠고, 3차는 아픔이 더했다. 백신 3차 맞고 나서 코로나에 걸렸다. 수업할 때, 어린이들이 차례차례 코로나에 걸렸고, 이유는 모르지만 나도 코로나에 걸렸다. 처음에는 비염과 감기 증상이라고 여겼다. 그렇게 감기처럼 자연스럽게 찾아온 코로나였다. 학교에 며칠 결석을 했다. 어린이들은 코로나에 걸리면, 입맛이 떨어진다는데, 선생님은 반대인 것 같다며, 즐겁게 웃어주었다. 나는 이미 코로나를 지났었고, 집에서 쉴 때는 거의 회복기였기에, 흰밥이 너무나 맛있었다. 그래서 물도 달고 맛있고, 공기도, 다 맛있었다.

이후, 코로나 증상이 사라지고, 점차 몸이 회복되는 줄 알았다.
벚꽃이 정점에 이르렀을 때, 몸에 통증이 있어 병원에 가서 혈액검사를 했다. 십여 년이 지난 갑상선이 재발이 되었고, 다른 안 좋은 증상들이 몸에 발견되어서 약물치료를 하게 되었다.

살아온 삶을 또 돌아보니,

건강해진 체력을 더 관리하지 못했으며, 글을 쓴다고, 여러 날 커피를 많이 마시고, 늦게 잠을 자게 된 것이 큰 화근이라는 생각이 들었다.

무엇보다 책을 지나치게 집중하여 읽고, 한 번 생각하기 시작하면 걷잡을 수 없을 부분까지도 생각하는 버릇이 있었기에, 생각을 정돈하고 나에게 안정적인 시간을 주어야 한다고 여겼다. 그래서 수업을 줄이면서, 나를 돌보기 시작했다. 그랬더니, 이전보다 몸과 마음도 더 가벼워지고. 예민함도 많이 줄었다.

과거에 아주 아팠으므로,

이렇게 크게 다시 아프게 될 거란 것을 예상하지 못했다. 그러나 삶은 언제나 예외가 있는 법. 잃어버렸던 나를 되찾으라는 신의 뜻으로 여겼다. 그래서 백신은 나에게 나쁜 것만은 아니었다. 이전보다 더 건강해질 수 있게, 내가 나를 단련할 수 있는 계기가 되어준 기나긴 사다리로 여기며.

마시다가

커피를 마실 때였다.
책도 읽고 글을 쓰면서, 마시는 커피.

얼마나 향이 맛있고, 다 맛있는지, 커피가 좋았다. 그러다가 이 커피 알에 대한 궁금증이 생겼다. 이 커피콩을 누가 줍고 나르고, 어떤 과정을 통해 커피가 내 앞에 오게 되는지. 기사를 접하고 나서 온두라스의 어린아이들이 딴다는 걸 알게 되었다. 그리고 얼마 안 되는 임금. 눈물이 났다. 나는 너무나 손쉽게 카페에 앉아서 커피를 마시는데, 이 커피 알을 딴 아이들을 생각하니. 뭉클해져서 그저 커피를 바라보았다. <u>그 어린이들을 위해 할 수 있는 게 있다면, 내 할 일을 열심히 하는 거라고 여겼다.</u>

비록 아주 작은 점에 불과한 나지만,
<u>어린아이들의 아픔을 알리고, 어린이들의 슬픔을 전해야겠다고. 그러면서 지구 어딘가에서 나도 모르는 내 독자가, 훗날 내가 쓴 글을 읽고 무엇인가 바뀐다면. 그 한 사람이 있기에 글을 쓰는 작가가 되어야겠다고 생각했다.</u> 커피 앞에서 강렬한 의식 같은 것을 치르고 나니. 비밀스러운 계약을 체결한 듯한 느낌을 받았다. 일종의 비밀스럽기만 한 나만의 의식이었다. 커피를 보면, 그 안에 담긴 어린아이들의 땀과 발걸음과 눈물지음과 뭉클거림이 있고.

시집

시집 또는 소설, 산문집 등 주문한 책이 도착하면.
처음부터 읽기도 하나. 며칠 뜸 들이는 작업을 한다.

책을 읽지 않은 채, 어딜 가나 책을 가지고 다닌다.

또, 머리맡에 두고 잠이 든다. 아직도 책을 안고 자는
습관이 있기에, 미리 친해지는 연습을 한다.

어느 정도 뜸이 들여졌다 싶으면,
시집이든 소설이든. 한 장씩 읽어본다.
마음에 무척 드는 문장들이 나타나면,
호들갑을 떨기도 한다.

또, 나와 같은 언어들을 구사하는 사람들을 보면,
마음으로나마 그들이 평화를 갖기를 바라고.

좋은 문장을 손으로 옮겨 적는다.

적고 나면, 그 문장은 마치 내게 오는 선물 같은 감정을 갖게 된다. 그래서 내가 더 다정한 사람이 되는 것 같고, 글을 더 사랑하는 사람이 되는 것 같다고 여긴다. 어떤 문장을 만나든 나는 받아들이려고 한다. 그러나 나에게서 떠나가는 문장들은 애써 잡으려 하지 않는다. 때에 맞는 인연처럼, 때에 맞는 문장도 있기 때문이다. 이런 점에서는 무척이나 자유롭다.

강아지 일기

꿈에 갈색 강아지를 보았다.
막 일어나던 참이었다.

강아지 세 마리가 미소를 지으며, 이부자리에 있었다. 어찌나 귀엽고 앙증맞던지. 잠에서 깨면서도 기분이 좋았다. 꿈은 꿈으로 있을 때도 있고, 때로는 앞으로 일어날 일로 있을 때도 있다. 오늘은 어김없이 일찍 일어나 수업하고, 오후에 잠깐 낮잠을 잤다가. 오늘 분량에 맞는 글을 썼다. 글을 쓴 후에는, 책을 읽고 고흐를 생각했다.

새벽의 꿈에 찾아온 갈색 강아지 덕분에, 강아지를 키우고 싶었던 하루였다. 혹시 가방 안에 강아지가 있지 않을까. 차 문을 열면 강아지가 나를 반기고 있지 않을까. 그것도 아닌 경우라면. 택배 상자에 천사가 강아지 한 마리를 놓고 가서, 내가 늦게 집에 도착하여 소들이 택배 상자를 열고, 소를 어미로 생각하는 강아지가 있지 않을까, 이런 가뿐한 상상을 하며 시작하는 오늘.

어찌 되었든, 이렇다 할 굉장한 일은 일어나지 않았지만, 생각보다 감기가 많이 호전되었다. 몸이 한결 부드러워진 기분이었다. 뼈마디에서 들리는 통증이, 어느 정도는 해결이 된 것 같았다. 이 정도라면, 남은 여름 방학 수업들도 잘 마무리 지을 수 있을 것 같았다.

너와 함께한 시간 속에서

너와 함께한 시간 속에서, 는 몸이 아플 때나, 잠들기 전에 듣던 노래이다. 편안하다. 목소리가 아름답고 아름답다. 나까지도 아름다워지는 것 같다. 듣다 보면, 나는 어느새 잠이 든다. 잠을 부르는 노래들은 좋은 경험으로 남아 있는 노래이다. 노래는 마법을 지니고 있다. 노래는 그 시간과 그 장소로 회귀하는 본능을 가졌다.

또, 잠이 안 오면, 명상을 한다.

예전에는 책을 읽고, 글을 쓰고 늦은 시간까지 몸에게 쉼을 덜 주었다. 지금은 그렇지 않다. 무조건 일과가 마치면, 일찍 잠을 자려고 한다. 그리고 눈을 감고, 누워 있는 것만으로도. 몸과 마음이 치유되는 것을 안다.

눈을 감고, 셋, 둘, 하나.
입으로 셋, 둘, 하나. 나지막한 목소리에,

진동의 에테르를 보며,

나는 우주 위에서 잠이 든다. 하나인 공간의 토성. 셀 수 없는 별빛들이 내 몸 위에서, 나를 밝히고 나를 비춰준다. 천상계의 언어를 듣는다. 세상에 없는 공기가 있고, 바람이 있으며, 구름이 있다. 나는 이것으로도 충분하다. 마지막엔 사마디를 체험한다. 머릿속에 우왕좌왕 밀려들었던 낮의 소음들은 정지되고, 빛의 명상으로 나를 깨끗하게 정화를 한다.

단편소설

그녀는 소설적인 의자에 앉아
소설을 뜯어고치며 말했다.

이 소설은 내 소설이 아니야.

그렇다면, 누구의 소설인가,
모두의 소설인 거지.

소설도 말을 하는구나,
소설가는 그 말에 귀를 기울였다.

햇빛은 두드러지게
해바라기를 기울이곤 했다.

얼굴을 점점 바닥으로 눕히고
또 눕히더니 해바라기 씨앗에서는
소설책이 쏟아지고 있었다.

그녀는 단편이 끝나고
해와 햇빛과 의자의 비율을
이항에 대한 정의로
장편을 새로 구상했다.

그러면서 장편 의자를
씨앗의 그림자에서 가져오고.

실크 사과

있었어

그런 세상 하나가
지구에 있었지

아주 작고 작은 사과 공장이
있는 나라가 존재했었단다

우리는 그곳에서 사과를 샀지

사과를 먹고 송치를
사람의 심장에 드리웠지

있었던 세상은
기둥의 그림자가 덮치고
덮어 놓은 후에야
사과 공장은 문을 닫았단다

영영 그러는 줄 알았지만

여전히 사과 공장은
있었어

심장에 사과껍질을 입은
사람들도 여전히 있었어

페르소나

페르소나가 자연스럽게 형성되었다.

어린이들을 많이 만났기에, 어린이들을 대할 때는 자연스럽다. 나랑 비슷한 점을 많이 가진 어린이들은. 나를 선입견 없이 대해주었다. 보통 어린이들에게 상냥하게 대하지만, 단호할 때는 단호하여서. 그런 성격도 어느 정도 나 스스로 인식하고 있었다. 다만 다양한 사람을 만날 때는. 내가 몰랐던 내 모습들이 무의식에 있다가 마치. 전쟁에 나갈 때 쓰는 각종 무기처럼. 나는 그 분위기에 맞게 성격을 장착하는 것을 보았다.

어색하면 어색한 대로. 누구를 만나느냐에 따라.
나는 달라졌고. 말수가 줄었다가 늘었다. 상대에게 최소한의 예의와 배려심을 갖고 대했다. 때론 나의 이런 호의가 누구에게나 다 해당하는 점은 아니었다. 나의 의도와는 다르게. 다른 일들이 일어나기도 했다. 너무 많은 내 모습으로 잠시 어떤 모습이 진정한 내 모습일까, 고민을 할 때가 있었다. 하지만, 시간이 지난 후에 그 다양한 모습들이 다 나라고. 수긍하게 되자 마음이 엄청나게 홀가분해졌다. 나는 나로서 다 의미가 있었고. 발전하는 방향으로 나아가는 게 중요하다고 여겼다. 그러함에도. 나의 진짜 모습은 아직 나조차도 아직 다 모르지 않겠느냐는 자문자답을 하며.

infj

　MBTI 검사를 했다. 나는 infj가 나왔다. 내향이 86% 정도가 되었다. 물론 나는 외향적인 모습이 많다. 가르치는 일을 꾸준히 하며, 다져진 활발한 모습이 몸에 배어 있다. 하지만, 강의가 끝나고 내려오면서부터 본격적인 내 모습이 나온다. 이 검사를 하고, 내가 이상한 사람이 아니라는 것을 알게 되었다. 풍부한 감수성으로 힘들었던 점. 상처를 받게 되어도 상처로 여기지 않는다는 점, 힘든 사람을 모른 척 지나가지 못하는 점, 공감 능력이 지나쳐 끙끙 앓았던 점까지도. 또 그 외의 생각이 많은 나로서 뇌를 열어서, 나의 성격을 보는 것 같은 마음이었다. 이타적인 부분에서도 동의하는 편이다. 좀 고쳐보려고, 노력을 많이 해 봤는데, 그게 잘 안되었다. 그래서 고치려고 하기보다 타인에 대한 이해도가 높아지는 만큼, 나에게 더 집중하는 시간을 갖기도 했다.

　나보다 더 내향적인 사람들도 있다.
　나는 이런 사람들을 만나면,
　더 친해지고 싶다.

　나도 모르게 다가가서 말도 걸어보고 싶은 마음이 든다. 지극히 주관적인 부분이므로, 상대가 누구냐에 따라 달라지겠지만.

인프제를 사랑하세요

infj의 천국은
어떤 모양일까.

마음에 맞는
친구를 사귀고
싶었던 적도 있었으나.

그러지를 못했다.

지구에서 읽고 서는 법,
걷고 말하는 법,

나를 온전한 나로

생각하는
법을 익히느라
시간 가는 줄도 몰랐다.

늦은 건 없으니
언제라도

인프제는 천국으로
되어가고.

사랑이 사랑으로 있다.

그해 여름

그해 여름날은 유난히도 아팠습니다
링거를 꽂으며 여름을 보냈습니다
더위를 모르며 살아왔었는데
여름이 덥다는 것을 처음으로
몸이 말하고 있었습니다
사람들은 어떻게 더위를 보낼까 싶어
한 계절을 나는 것도
보통 일이 아니라 여겼습니다
그래도 당신의 노래를 들으면서
나는 여름이 짧다는 것을
곧 여름도 지나간다는 것을
나를 채근하며 다독거렸습니다
그렇게 한 계절을 보내게 된 것입니다
병실에 누워 링거를 꽂으며
시곗바늘 소리가 참 어느 때보다
뭉툭하고 크게 다가왔습니다
아무도 없는 방에서 시계는
딸각거리며, 하루를 끌고 가는
힘이 무척이나 대단하다고 여겼고
누워서 손등에 꽂은 바늘을 보며
바늘로 들어가는 수액 또한
이끄는 힘은 억척스럽기만 하였습니다

몬스테라 알보

그는 내향적이었다.
그래서 나는 그가 좋았다.

그는 자신을 소개하지 않았지만.

나는 그가 내향적이라는 것을
눈빛에서 문자들이 흘러내리는 것을
보면서 가늠할 수 있었다.

내향적인 그가 적고 쓴 마음은
마치, 시를 읽는 목소리와 같았다.

내향과 외향이 하나 되어 쓰는 말은
침착하기도 하고 역동적이기도 했다.

산 위에 바위를 올려놓고
그 바위 위에서 시가 굴러가는 것을
지켜보는 그, 아찔한 순간이다 싶으면,

시로 착상되어 그 속에 씨앗이 되었다가
영원적으로 발화가 되면,

세상 밖으로
순간적으로 비추는 밝은 그의 마음들.

천사 시인

날개를 잘라서
붙여주네

자기에게 있던
날개를 꺾어

피가 마르지도
않았는데

붙여주는 그대

현우에게 쓰는 첫 번째 엽서

　현우야, 누나야. 이렇게 편지를 쓰게 되어서, 기쁘고도 재밌는 일을 벌이는 기분이구나. 오늘은 사과를 보았어. 청포도 같은 색으로 빛깔도 예쁜 사과를 보니, 우리 현우가 생각이 났었어. 그래서 아침에 안부를 전하고 사과 사진을 보냈었지.

　넌 지금 어디에서 무엇을 하고 있니?
　네가 있는 곳에는 비가 오니?

　낮에 조금 비가 내렸어. 밤새 산들바람이 부는 탓에, 누나는 잠을 몇 번이나 뒤척거렸네. 여름인데도 가을이 숨어 들어가 있네. 한동안 누나는 원고를 쓰느라 바쁜 나날을 보냈어. 글을 쓰면서 생각했지. 나는 지구상의 다른 그 어떤 것보다, 글을 쓰고 생각하는 것은, 내가 할 수 있는 일이며, 기뻐하는 일이구나, 생각했지. 시간만 된다면, 글 쓰는 일에 매진하고 싶은 마음은 늘 매일 같단다. 하지만, 누나도 하루를 감내하고 살아가기 위해서 일도 하고, 사람들도 만나면서 지내고 있어.

　현우야,

　세상에는 다 말할 수 없는 것들이 많을 거야. 천사들도 말해줄 수 없는 것들이 있을 것 같아. 나는 우리 현우를 생각하면. 항상 고맙고. 마음 한구석에서부터 따듯한 기분이 생겨. 감사한 마음이야.

　현우야.

간식을 먹고, 랭보의 책을 읽었어.

제목은 '랭보의 마지막 날'이야. 랭보의 여동생 '이자벨 랭보'가 쓴 글이야. 편지 형식으로 이루어지는 글인데, 읽어보니 랭보의 슬픔이 고스란히 내 갈비뼈에 묻히는 감정이야. 랭보는 얼마나 아팠을까. 누나는 그 감정을 다 셀 수 없을 테지만. 누나는 랭보의 '견자의 시학'을 너무나 사랑해. 랭보의 말처럼 시인은 보는 사람이지. 그래. 맞아. 그런데 누나는 본다는 말이 너무나 무서웠어. 겁이 나서 무서운 게 아니라. 각인되는 슬픔과 예견되는 일들을 통해 일어나는 것을 보는 것 말이야. 우리는 사람들이 있다가 또 사라지는 것을 매번 봐야 했으니. 그렇다면 모두가 견자인 셈이야. 태초의 시인도 신이었고, 견자였지. 우리는 모두 보는 자야. 보기만 해서는 안 되는 거고. 본 것을 똑똑히 이 시대와 후대를 생각해서 기록해야 하는 사람이자 시인이지. <u>독자도 시를 읽는다면, 시인의 삶에 가까이 사는 거고, 비록 시집을 내지 않아도 시인일 거야. 나중에는 이 둘의 공통점이 더 늘어나겠지.</u>

누나도 언젠가 아파서 한 달을 잘 걷지 못한 적이 있었는데, 랭보의 마음을 조금이나마 알 듯해. 랭보는 시를 통해 무엇을 하고 싶었던 걸까. 어떠한 것을 기다리고 어떠한 삶을 살고 싶었던 걸까. 그가 진정으로 원했던 것은 무엇이었을까. 누나는 요즘 아침 일찍 수업을 하고, 낮에 글을 조금씩 꾸준히 쓰고, 밤에는 일찍 잠을 청하네. 낮과 밤이 바뀌었을 때는 밤에 거의 잠을 이루지 못했었지. 너도 일찍 일찍 잠을 청했으면 해. 너무 늦게까지 작업을 하지 않았으면 좋겠어. 건강은 건강할 때. 건강을 챙겼으면 하고.

언젠가 여름 방학 때, 현우가 평택에서 만두랑 냉면을 사줬었는데, 그게 정말 맛있었어. 가끔 생각났었는데, 어느 음식점이었는지 기억이 안 나지만. 누나가 만두를 좋아해. 만두가 고소하고 흰밥처럼 맛있었어. 고마워 현우야. 널 생각하면, 만두와 냉면의 그림들이 그려져. 좋은 기억으로 그날을 만들어 준 것도. 다 모두 고마워.

무엇보다, 누나는 시에 대해서 아직 잘 모르는 것도 많고 첫 시집을 낼 때, 여러 가지를 물어보기도 했는데, 그때마다 친절하게 하나씩 설명을 해주어서 정말 고마웠어.

점점 햇빛이 구름 속으로 멀어져가네.

밖으로 말이야. 많은 사람을 만나고 글을 쓰고 걷고 살아가겠지만, 현우가 하고 싶은 일을 하기를 바라는 마음이야. 그리고 누나는 너의 새 앨범의 노래를 기다리고 있어. 너의 천진난만한 그. 시적인 가사와 천재성이 엿보이는 멜로디까지. 누나가 기다리는 것을 너는 아니?

장마가 거의 지나갔나 봐. 빗방울들이 얼마나 이 지구를 노크하고 갔을까. 작은 물방울 하나가 주는 색은 정말 크다. 물방울 하나가 바위에 떨어지면, 바위를 뚫는 힘이 생기니까. 누나는 이런 힘을 믿어. <u>갑자기 주어진 힘이 아니라, 꾸준히 읽고 쓰고 사유하는 자에게, 시와 글은 누군가의 가슴에 깊게 파묻히는 것뿐만 아니라, 그렇게 의미 있는 문장은 삶을 완전히 뒤바꿀 수 있다고 믿거든.</u>

그런 의미에서 우리 현우의 시와 글은,
그리고 현우의 노래는 그런 위력을 지니고도 남는다고 생각해. 누나는 언제나 현우가 자랑스럽다.

이 지구에서 널 만나서 기쁘고. 만나서 행복하고.

앞으로도
네가 쓸 시와 글과 노래가 누나는 기다려져.

현우야, 항상 널 위해
온몸으로 응원하는 누나가 있어.

현우에게 쓰는 두 번째 엽서

비가 와.

거기도 비가 오는지. 지금도 창문에 물방울이 하나씩 모여있어서 가을의 얼굴로 나를 보고 있네. 있지. 나는 물방울들을 보면 상쾌해져. 너도 너를 상쾌하게 하는 것이 있을까. 내 마음에도 물방울들이 맺혀서, 나를 어느 곳으로 가게 하려고 하는 것 같거든. 다른 곳으로 말이지. 나. 조차도 알 수 없는 그런 곳으로.

프랑수아즈 사강이 생각나는 아침이야.

누나는 소설을 좋아하지. 그래. 나중엔 나도 소설을 쓸지도. 소설은 정말 생각만 해도 좋아. 물론 시도 그렇고. 어디까지나 누나의 짧은 생각이지만. 사강은 사강답게 살았던 것 같아. 그래서 마음에 큰 짐들을 소설로써 풀어갔던 것 같고. 언어는 참 신기해. 말은 말처럼 될 때가 있고. 말은 말처럼 되지 않을 때도 있으니. 신께서 창조한 것 중에 가장 신기한 것은 분명 말일 거야.

며칠 허리가 아파서 지난주에는 치료받고. 진통제를 먹었어. 앉아서도 아프고. 누워서도 아파서. 눈물이 그냥 나더라고. 그래서 누워있다가 나뭇잎에 십자가의 무늬가 있는 것을. 내가 보고 있는 게 아닌가 하는 마음이 들었지. 참. 보내준 키위는 달콤하고 맛있게 먹었어. 아직 몇 개가 남아 있어. 멀리서 보내준 마음도 고맙고. 키위를 보니 키위 껍질과 키위 씨와 키위 향이 얼마간 나를 붙잡고 있는 것 같아서 행복함이 있었어.

키위를 다 먹어도 이 행복감은 당분간 지속이 될 것 같아.
아직도 빗방울이 유리창에서 나를 보고 있네.
똑똑하고. 나에게 노크를 하려는 걸까. 강물이 되고 싶은 걸까. 유리창을 뚫고 카페 안으로 들어오고 싶은 걸까. 물방울 하나에 새겨져 있는 조각은 구름의 여섯 날개와 가벼움의 깃털.

홍차를 마시는 오전이야.
오늘의 나는 어제보다 더 가볍고.

우산을 접듯이 접힌 부분에서 시가 나올 것 같은 하루야. 어떤 시가 나올 것 같으니. 접힌 자국에는 의자가 있을까. 의자를 넣는 상자가 있을까.

그게 아니라면, 의자를 내려놓는 양탄자가 있을까,
하고 궁금해했어.

이번 시 산문집을 쓰면서,
생각 많은 내가 글로 뇌를 정리하는 기분이 들었어. 얼마나 뇌에 언어가 꽉 차 있었는지 서로 비집고 나오겠다는 걸, 차례대로 정렬하고. 정리하면서. 글을 쓰는 숙명이 강렬했어. 이후에 나는 더 좋은 글을 쓸 수 있을 거라는 생각을 했어. 그래서 허리 아픈 것마저도 감사하게 여긴 나날이었어. 첫 번째 시집이 나의 피가 담긴 서사였다면. 두 번째 이 책은 새 글자에게, 수혈받는 기분이 들었어.

어제는 어린이들이 땅을 파서 흙탕물을 마시는 영상을 보았는데. 아침에 물병에 물을 담다가 물을 흘린 거야. 그래서 잠깐 울었어.
  그 어린이들이 생각이 났거든.

비가 오니. 땅속을 자기 키만큼 파서 그곳에 있는 흙탕물을 한 방울도 흘리지 않고. 그걸 모아서 가족들에게 가져다주고. 흙이 섞인 남은 물을 마시고. 어린이들은 그 물로 생명이 위험해지는 모습들을 보니. 밤에 누워 있는데. 그 어린이들이 생각이 나서 한참을 생각에 잠겼었어.

이젠 비가 그쳤네.
너는 어디에서 무엇을 하고 있니.
무지개가 뜨겠지. 잔잔한 무지개 말이야.

누나는 우리 현우가 무지개 같은
사람이 될 거라 믿어. 하늘에서 비가 갠 후,
세상에 있는 모든 사람을
무지갯빛으로 밝혀주는 글을 쓸 거라 믿어.

누나는 그렇게 믿어. 현우야.

현우에게 쓰는 세 번째 엽서

가을이야, 현우야.
가을이 왔네. 참, 네가 보내주었던 키위는 다 먹었어. 마지막까지 누나가 먹게 되었네. 맛있었어. 키위를 먹으니, 가을이 온 걸 알았네.

이 가을날, 너는 무엇을 하고 있니.

어제는 오른 손가락이 아파서, 병원에 가서 파라핀 치료를 하고 왔어. 아프지도 슬프지도, 않는 세상이 왔으면 해. 그런 날이 오게 되면, 나는 하늘을 날 거야. 예전부터 꿈꿔오던 나의 이상향이야. 날고 누우면서 공중에서 피아노를 치고, 바람이 불면 구름으로 옷을 만들어 입고. 눈이 내리면 눈송이를 모아서, 눈사람 마을을 만들어 줄 거야. 눈사람을 위한 자동차를 만들고. 목걸이도 연두 잎사귀로 만들고, 가방도, 의자도 만들어줘야지.

참, 너는 시가 뭐라고 생각하니.

그것에 답변을 듣고 싶은,
오늘이었어.

가을인데, 시작하는 찰나에, 너에게 쓰는 짧은 글. 이 글을 마치고 이제 수업을 하러 가야 해. 9월의 첫 주 화요일이네. 현우야, 그럼 문제 잘 풀어줘. 또 봐.

현우에게 쓰는 네 번째 엽서

어제 오랜만에 밤 산책을 했는데, 아침에 가뿐했어. 며칠 산책을 못했다가 걸으니. 바람도 좋고. 물결도 좋고. 다 좋기만 했어. 그리고 가을다운 밤이었지. 같이 걸었던 분과도 재밌는 이야기도 나눴어. 현우야, 오늘은 무슨 생각을 하니. 누나는 네가 좋은 것들로만 가득 채우는 나날이 되기를 바랄 뿐이야. 가을 햇빛이 지금 나를 살아있게 하는 하루야. 가을바람도 선선해. 사랑스럽고. 마음에도 여유가 더 생길 것 같은 오늘이네. 이제 누나는 더 여유가 생길 거야. 그리고 나를 더 돌보려 해. 나는 세상에서 가장 빛나는 존재이기 때문이지. 나를 이 아름다운 지구별에 오게 해주셔서 그분께도 감사하고. 아름다운 행성, 은하계, 수없이 늘어뜨린 이곳에 발을 딛고 있는 것, 살아 숨 쉬고 있다는 게 기적이라고 여겨. 가끔은 그분께서 나를 끔찍하게 사랑하시는 걸, 체감하는 나날이 있기도 했어. 자신의 목숨과 같은 독생자를 보내주신 것은, 자신을 내어주는 일과 같은 것이기에. 하나의 생명을 대신하여 내가 태어나고, 그 생명은 만인을 위해 다시 태어났으니까. 또, 누나는 의자들을 봐. 의자가 서 있거든. 넌 의자가 서 있다고 생각하니. 그리고 자기 다리를 부러뜨려서 옆 의자를 세우고 있는 것을 봐. 또 처음의 의자는 몸으로 땅을 딛고 살아가고. 다리를 받은 의자는 또 다른 의자들을 일으켜 세운다. 이것은 무얼 말하는 것 같으니. 의자는 다리 없이도 살아갈 수 있다는 것을 보여주는 걸까. 또 의자들은 다른 의자들을 일으켜 세우면서, 그 의자를 목발로 의지를 하는 것을 말하는 것일까. 그럼 몸으로 땅을 딛고 살아가는 의자들은 다리를 대신하여, 다리 같은 사람들을 위해 자신의 다리를 내어주는 것은 마땅한 것일까. 의자에 대해서 전혀 모르는 사람들도 있는데도. 그게 맞는 것일까. 의자 내부에 있는 것들은 의자를 말해 줄 수 있는 것일까. 그렇다면 의자의 외부에 있는 것들은, 누나는 나와 의자에 대해 의심을 해 본 적은 없어. 결말에 이르면 누나도 다른 형태로 바뀌게 될 테고. 그 의자도 마찬가지겠지. 아침부터 누나가 의자에 대한 깊은 사유를 하는 것 같네. 카페 창밖으로 자동차가 달리고 유리에 그려진 자동차도 같이 달리고 있어. 다 어디를 가는 것일까. 같은 곳을 가고 있는 것일까. 만약 의자가 태어났는데, 자신이 의자인 줄 모르고 살아왔다면 어떻게 되는 걸까. 너라면 어떻게 할 것 같니. 의자에게 말을 해줄 거니. 아니면 의자에게 위로를 해줄 거니. 너는 둘 다 해주고도 남겠지. <u>나는 의자를 다시 만들어 줄 거야. 세상에 하나밖에 없는 새 의자로 말이야. 그리고서 의자와 같이 살고 기쁨을 나누고 말 거야.</u> 의자의 잃었던 기억을 다시 찾아주고. 의자가 의자였음을. 의자는 언제나 통통 소리를 내는 기타 줄처럼. 알파파를 가진 음악가처럼. 그리고 의자에게 다른 이름을 붙여줄 거야. 그래. 현우야. 이젠 낙엽이 흰 눈처럼 하얗게 불어오겠지. 겨울이면 캔들도 켜고 홍차도 마시고 책도 더 읽고. 시를 더 많이 쓰는 내가 되고 싶구나. 찻잔과 부딪혀도 깨지지 않을 시를 말이야. 눈에 녹지도 않고 사라지지도 않을 시 말이야. 현우, 너는 어떠니. 너는 이제 어떤 시를 쓰고 싶으니? 뭐든 순리가 있으니, 너는 순리에 맞게 살고 쓰고 지내겠지. 누나는 그렇게 믿어. 그래서 이른 것도 늦은 것도 없을 테니까. 사람마다 가진 속도가 있다고 내가 말했었잖아. 그 말을 나는 전적으로 믿어. 언젠가 사람들이 우리가 무슨 사이냐고 물어봐서, 내가 가족 같은 사이라고 말했다고 하니. 현우 네가 잘했다고 했었어. 그래. 우리는 가족 같은 사이야. 누나가 너의 기쁨이나, 너의 슬픔까지는 다 헤아릴 순 없겠지만. 내가 할 수 있는 것이라고는 현우를 향해 외치는 이 작은 목소리가, 너의 마음에 닿고 사람들의 마음에 닿아서, 훨훨 날아가는 새처럼, 그렇게 살아갔으면 좋겠어. 그건 누나도 마찬가지이고. 누나는 언제든지 새로 쓰는 너의 글을 고대하고. 새로 만드는 음악을 고대해. 현우가, 밝게 크게 웃으면서 누나, 하면서 말하는 그 목소리를 고대해. 그럼, 현우야, 또. 다시 만나자.

연둣빛 편지

아침에 바람으로 세수를 했어요.

답신을 보내지 않으셨는데
창문에 비친 글자들을 보며,

답신이 알맞은 계절에
도착했음을 보았어요.

바람의 지문 사이로 비친
연둣빛 슬픔은, 글자를 읽기도 전에
당신의 눈물의 색이 달그락거리는
것을 조용히 응시했고요.

처음, 그리고 그다음의 눈빛은
당신의 양조된 슬픔을 작게나마
맛볼 수 있을 것만 같았거든요.

비단, 이것은 추측의 서신이 아닙니다.

원두가 연둣빛으로 익어가는
높이와 깊음에 대해
조금이나마, 눈여겨봄의
작디작은 고요한 슬픔이요.

기쁘기만 한 침묵의 슬픔이겠지요.

내 소원은 오빠가 생기는 것

착실한 슬픔을 지구에 와서 수행하고 있는 나. 음악을 들으면, 마음속에 또 셀 수 없는 지구가 사각형으로 동글동글하게 만들어져서 내 안에서 굴러가는 빛들을 보는 것 같다. 처음엔 이 지구가 둥글다가 사각형이 되어서 당신 안에 구르는 별빛이 될지도 모른다. 그리고 곧 하늘에서 네모의 빛들이 쏟아진다.

온통 네모인 빛.
온통 네모의 사랑.

이 빛들의 사랑을 높이 본다.

이 빛들의 사랑은 벽돌의 회색 문양으로 만들어진 규격을 가지고 있다. 부드러운 회색 벽돌. 바람의 가을 스크래치들도 있고. 빗방울의 발걸음도 있으며. 발자국 그림자들의 색도 있다. 내 손에 닿지 않는 곳에서 비스듬한 슬픔으로 있다. 슬프나 슬프지 않은 슬픔이다. 길목을 유유히 지나가는 슬픔, 그리고 그 뒤에 있는 슬픔 다음에 오는 것들이 있다.

나의 부르는 사랑은,
내가 슬픔이라고 칭하기에 슬프지 않은 이 사랑은 구르다가 일어나서 달려가다가 길목에 서서 나타난 길을 둘러보며 착실하게 사랑은 간직하고 나누는 일이 아마도 그것이 전부일지도.

우리는 우리를 사랑하고

비가 내리는 빗방울을 하늘이라 부르자.
하늘과 걷고 하늘과 같이 숨을 쉬는 거겠지.
혹시 누군가 먼저 위로 더 위로 도착한다 해도,
곧 하늘은 땅이 될 터이니 결코, 눈물을
흘리는 일이 없겠지. 아무도 울지 않겠지.

그럼, 울음이 잠깐 멈추는 거니까. 얼음을
녹여두자. 눈물의 사다리를 만들어주자.
눈물은 나무의 뿌리에서 올라와 가지를 타고
나무의 끝에 앉아 있겠지. 지금 나무가
얼음이 되었다는 것도, 슬프지 않을 거야.

나무는 이제 나무의 우는 말을 감각한다.
뿌리에 박힌 회전하는 슬픔이 옅어진다.

한곳에 머무르는 뿌리의 빗금에는 이름이
다른 슬픈 것들이 가득하다. 나무가 우는 것을
듣지 못하는 사람, 나무의 눈물을 모르는 사람들.
나는 나무의 슬픔을 알고 눈물을 알고,
나무가 가려는 방향도 알 것 같은 감각이다.

여기서는 울어도 돼.
나무야, 여긴 너만의 천국이야.

나는 너라면, 네가 이루는 영혼의 빛의 색을 알아.

눈사람이 내리고 하얀 토끼가 있어요

　눈이 내리고 내려서 눈을 만들면 눈사람이 있게 된다 나는 그 눈사람을 하나의 크기로 생각하였다 내가 생각하는 눈사람은 언제나 하얗지 않았다 어떻게 된 일이었나 눈사람에게 물어보면 눈사람은 고개를 돌렸다 얼굴을 돌리면서 침묵의 언어로 나에게 던지는 말을 잘 알아차리지 못했다 눈사람은 응시하고 그 자리를 떠나려고 했다 나는 눈사람을 붙잡았다 말하고 대답하고 말을 이어갔다 하지만 언제나 들려오는 건 눈사람의 공기로 덮여 있는 숨과 같은 분홍 말들뿐이었다 지금 내가 이것을 어떻게 해석해야 하는 걸까―, 숨을 고르게 마시면서 눈사람을 생각하며 다시 질문을 했다 그러자 눈사람은 입속에 있는 공기를 입 밖으로 꺼내 분홍 토끼를 만들어 주었다 눈사람의 공기가 분홍 토끼로 이루어져있다는 것을 처음 알게 되었다 왜 지금까지 눈사람은 말을 아꼈던 것일까―, 나는 눈사람에게 눈사람과 공기에 대한 의미를 물어보았다 눈사람은 여전히 말을 해주지 않을 것 같았다 그래서 내가 그 답에 대한 질문과 정답을 찾아야만 했다 그래서 다시 묻고 또 물었다 결론에 이르자 눈사람은 눈과 사람을 분리해서 바람이 되었다 바람이 된 눈사람은 나무에 앉아 구름 잎사귀를 세고 있었다 잎사귀의 끝을 입술에 대고 문자를 만들고 있었다 어느 나라에서도 찾기 어려운 문장 같은 것들이었다 글자의 구성은 가을과 겨울 중간의 온도의 차이로 있는 날씨 같았다

7부

다른 세계의 에피소드

9

어쩐지 모르게 슬퍼진다

아니
슬픔이 누워 있다

그래서 슬픔의 상자를 열었다

뚜껑은 빛나고
상자의 포장지는 바스락거리다가
상자의 몸 밖으로 나갔다

슬픔아
여기 어디 슬픔과 같은 것들이
있을까, 하고. 나는 중얼거렸다

상자에서 나온 숫자들을

줍느라

아침이 오는지도
해가 뜨는지도 몰랐다

누운 슬픔이
더는 누워 있지 않았다

★

☆
머리
위에

있는 그림을

☆☆☆

어서
그림을 내려놓으세요

☆

해도
별을 내려놓잖아요

☆★☆

☆지
금☆
이☆
☆요

매직

여기
지금 호수가 있다

ㅁ ㅜ ㄹ

물을,
물듦의 물이 있다

물을요

7과 7의 물이요

7 다음에 오는
7의 물과
그 7의 물을 이어주는
7의 물의 그릇도요

모두, 다

나
에
게
주세요

사각형을 신뢰함

거듭하여
말을 전송합니다

이건
직선의 삼각형이
아닙니다

수로 된
사랑의 경위도 아니죠

◇의
오직 ◇의

정의가 듬뿍 담긴
상자입니다

그대가 가고 나도 가고

남게 되는 이가
이 상자를 열겠죠

자, 준비하세요

직선과 직각의
이웃으로요

11

11을 붙잡아 본다
크다 넓다
무겁지 않게
가볍다

나는 11을 사랑한다

11은 사랑과
오직 둥근 기호에 의해
줄을 맞추어
행렬을 이룰 것이다

산란하지 않다

11은 삼매의 그 이상이다

언제나
11의 이상이란
그 이상 위에 선다

변형이 있게
산란심이 없이

오직, 나는
11안에 잠시 멈추고

흩어짐이 없이

ㅁ을 보내
오른손에서 왼손으로
시어를 나르듯이,

ㅁ을
나는 보내

ㅁ은 있지
어떠한 문이 아니야

진화된 동그라미의
원형인 거지

나는 그래

적어도 그렇게
생각하고

샌드위치의
모양대로

감정을 ㅁ에
실어서 보냈어

난 그렇다는 거야

view point

창문에 물방울의 책이 있다

page가 넘어가고
나는 자몽차를 마신다

대화는 자몽 유리그릇에서
페이지를 넘기고 있다

혀끝에 둔 말이
벌써 나와 멀어진다

나는 그것을 응시하고
자몽을 음미한다

잊힌 사람들이
호수에서 걸어 나온다

오리 발자국의 화석을
새들이 날개에 담아
나르고 있다

지금은, 물방울이
한 권의 책을

읽고도 남았을 것이다

6

원전으로 읽으세요

둘, 둘 하--나
경지에 이르면
자신보다 위에 있는 게

나타나고 보여지고
커지는 성질을 봅니다

이것에서
저쪽으로
있다가, 사라지는 것처럼.

브로치에 담긴
생각이지요

후, 후후
후, 후, 후후

평온이 일으킨
자세와 같습니다

하.
후, 후, 후.

배꼽을 꽉 움켜잡으세요

2권

그거면 돼

바라는 것이 없이
더 바랄 것도 없는

하루의 2권,

나라는 천성을
하늘에 닿아 구름으로
달음질을 하면

은, 이 남겠죠

은반지, 은팔찌.
은, 목걸이. 은,

은의 구두

그러니 닦아놓은 하늘도
나라는 구름도

뭉실-뭉실 2권입니다

남은 것도 모두
2권으로 있어지고.

where are you

누구지 내 얘기를 쓰는 사람

나는 들은 적도
본 적도 없어요

다음의
숫자를 잘 세어볼게요

7은 기울어진 회상록이고요
8은 연출되는 겨울이에요

물음표는 시장에 많아요

저는
라이브가 좋아요

살아 있잖아요

환한 목소리의 흩날림
문장이 가득한 눈빛

나는 그거면 돼요

숨을 마시고 숨을 뱉듯이
살아있는 것들 말이죠

8을 위한 테크닉

예닐곱으로
다시 산다면

그때도 시를 쓸까

시가
나를 만나러

두 손 잡아주러 올까

그러게
그건 그때 가서 할 일

시가 있다는 거

얼마나
위안이 되는지

있다는 거
없으면 만들어서라도

큰 기교 없이도 지금처럼

쓴다는 생각의 손과
쓰기 위해 태어난 손과

a, a'a'

스위치를 켜

밤을 신발
아래에 두고

낮을 거닐며
산책을 하자

와인을 구두에 따르자

나랑 같이
위스키 할 사람?

있어요? 없어요?

난
포도주가 좋아

좋은 건 아쉽게도
일찍 사라져

밤이 없게

그러니까
스위치를 켜자

3 = 3 ≠ 0

3의 창조성을 위해
3=3≠0의 식을 세웠다

이 식에서는
부등기호가 필요 없었다

바람의 마디로
식을 거치고 구름도

햇빛도 빗물도 가을도
겨울도 거쳐 갔다

거쳐 가는 건 아름답다

3=3≠0의 식도
이제는 나를

서서히
지나가려고 한다

가려고 하는 것도
두 눈을 뜨고 보는 것도

아름다울 지경이다

간다
무궁한 나에게서

14의 현현

14는 말했다

자신의 일대기를
논하는 일은

소파에 누워

별을 보며 관측하며
별을 세어보는 일

나는 14를 더 사랑하지 않았다

사랑했다, 고.
여긴 순간들이 있었지만

그건
좋아함이 사랑으로
씌워진 포장지였다

언제나

14는 껍질과
껍질 속의 친목으로

전 생애를 보냈다

[원인≠결과]⇒0

J의 지속적인
원인과 결과의 생각에 앞서서,

0이 먼저 결론에
닿은 길이를

그 과정을, 나는
심오하게 사랑하였다.

봐,

내가 그 생각을 사랑한 건

내 의지와는
상관없는 일

그렇다고 자발적인 것도 아니었다.

결과의 0, 원인의 0.
둘의 관계는, 둘의 성립은

괄호로부터
비롯된 일일 것이다.

추측은,
사랑을 나아가게 한다.

흰 눈이 불고
빛이 내릴 것이고

어둠이 지나가면

괄호는
성립이 되는 0, 을

괄호 안에
묶을지도.

그럼, 그렇게 되겠지.

나는 0의 값과
0의 괄호도 좋다.

다 좋다,
너의 그 무엇이든.

ㅎ의 전체

바슐라르의 ㅎ

바슐라르의 내면에 있는
ㅎ에 대한 나의 생각.

ㅎ이 변형되는 시간.

공간은 공간이 아니고
장소를 동반한 변증법.

잊어버리세요

ㅎ의 바슐라르의 움직임을
그리고 안과 밖의 상징을.

잊었습니다

잊으면
보이는 그다음 단계

심화학습입니다

가을의 톤으로 말하면
뷰, 뷰의 의자가 만든
교집합의 기울어짐이죠.

키다리 키키

　키다리 키키가 있었다네 키가 무지 컸었지 눈도 동그랗게 크고 발도 크고 마음도 크고 큰 것의 제일이었지 키키는 하늘을 달렸다네 아침부터 저녁까지 달리고 달렸다네 그리고는 구름 위에서 잠이 들었지 별자리들은 목화솜 이불을 만들어 그 위에 덮어주었다네 아침에 일어난 키키는 다람쥐가 만든 신발을 신고 또 달리기를 시작하였다네 이번에는 태평양 하늘까지 갔다네 그곳에서 자신과 같이 달리는 사람들을 만나서 기뻐하고 기뻐하였다네 선물로 무지개 팔찌를 주었다네 무슨 소원이든 이루어지는 팔찌, 키키는 사람들에게 다 나눠주었다네 그리고는 다시 살던 곳으로 돌아왔다네 그렇게 좋을 수가 없었다네 그러고는 다시 신발을 신고 구름 위를 뛰어다녔다네 뛰뛰 뛰뛰 자동차들도 구름에 자전거도 구름에 오토바이도 구름에 올라왔다네 고양이도 구름에 올라타더니 별은 손에 닿아 마음으로 꿀꺽 삼키더니 고양이 별자리를 만들었다네 하늘은 땅이 되고 땅은 하늘이 되는 날이 되었다네 위에 있는 것들은 아래로 내려오고 아래에 있는 것들은 위로 올라가는 날들이 계속되었다네 하늘과 땅의 구분이 없어지고 공중에 의자가 춤을 추었다네 키키는 날아가는 의자를 타고 의자 다리를 접어 의자를 재우고 베개를 만들어 주었다네 키키도 잠깐 눈을 깜박였다가 의자는 키키를 깨우고 꿈을 의자 다리에 접어 두었다네 키키는 늘 달리는 사물과 동물과 사람들을 만났다네 키키는 여전히 달리고 구름도 바삐 갈 길을 같이 갔다네 키키가 달리자 의자도 달리고 새들도 달리고 앨리스도 달리고 토끼도 달리고 거북이도 달리고 토끼는 거북이의 등을 의자로 생각하였다네 경주에서는 모두가 이기였다네 선물로 키키는 구름 모자를 주었다네 그들은 구름 모자를 쓰고 행복하고 평안하게 살고 살아갔다네

N의 의자

N의 의자에 앉아 노래를 부른다

노래를 하고
운전을 하고

운동화를 신고 기타를 들고 웃는다

N의 웃음은 크고 길다
N의 꿈은 노랗고 하늘의 넓이로 날아다닌다

N의 기쁨이 세상에 가득하다

N은 말하고 나는 듣고
N은 웃고 나는 보고

모두 N이라 부르기에 벅찬 은목걸이
둥글게 둥글게 만든 N의 근엄한 은목걸이

그리고 N의 따듯한 목소리와
크나큰 밝은 눈망울의 출렁거림

눈빛 속에
입술 속에

웃어지는 N의 미, 미미미의 D

BTS 지민

귀여운 지민 이쁜 지민
춤 잘 추는 지민
목소리도 좋은 지민

그냥 다 이쁘기만 한 지민이

목소리에 있는 빛깔의 노래
지민이의 순수한 영혼의 머릿결

우리 지민이 만세

밤앙금 모시송편이랑
메리 크리스마스카드도

차곡차곡
지금 이곳에 접어서
이 시의 행에 잘 넣어두기

나는 우리 지민이 만세

신나서 깊은 숲속의
트 트롤이 스윙댄스를 춘다

나는요 나는
우리 지민이 만만세

진천 여행기

　진천을 갔다 백석이 생각이 났다

　아침 수업을 마치고 고속도로를 달렸다 가을 공기는 참 맑기도 하였다 당신의 얼굴 같았다 진천을 다시 가게 될 줄을 또 몰랐다 등단 이후 초청 강의는 처음이다 모교에서 문의가 왔기에 흔쾌히 간다고 했다

　진천의 기억을 되살려본다
　교수님들과 다 같이 중화요리 가게에서 식사를 한 적이 있다 그때까지도 나는 짜장면을 좋아했다 머릿속에 사진기가 하나 있어서 마음대로 뇌를 열고 닫을 수 있으면 좋겠다 그럼

　언젠가의 기억과 대화를 모두 기억할 수 있겠지

　또 진천으로
　후배를 만나러 온 적이 있었다
　같이 간 카페에서 못 다한 이야기도 나눴었다

　나는 그 후배가 군대에서 아무 일 없이 무사히
　제대한 것으로 감사한 마음이었다

　또. 시 원고 뭉치를 책상에 두고 시에 대해서
　이야기를 나눴던 시간도 진천에 있다

　후배들을 만나서 많이 해줄 말은 없었지만

가장 중요한 이야기를 해주어야 한다고 생각했다

한 학생이 시는 무엇인지 근본적인 질문을 했다
안 그래도 내가 그 질문은
얼마 전 정현우 시인에게 던진 질문 아닌가

나의 답은 시는 모름과 물음표의 중간 음이 아닐지

교수님들을 뵙고 나니 학부 다닐 때
늘 응원해 주시고 거의 다 왔다며 작가가 될 거라며
격려해 주신 귀한 시간이 귓불 사이에서
스쳐가고 있었다 박 작가님과 나의 커피소년도
그리고 정신적 지주이신 바위 할아버지도

진천에서 다시 고속도로를 달리며
오는 길에 시인은 혼자서는 될 수 없다고 생각했다

마지막으로
시에게 안전히, 안전하게
인도해 주시고 또 시가 있어서 이 세상을
살아가게 해주신 친애하는 우리의 아름다운 별
안도현 스승님께 감사한 마음뿐이었다

그리고 시를 놓지 않고 잘 잡고 있던
나에게도 고맙고. 기특하고.

나가면서

겨울이 왔습니다.
눈송이들이 따듯하게 마음에 창을 내어주겠죠.
겨울 속에도 다른 계절들이 있음을 압니다.
나에게는 항상 글을 쓰는 계절이겠고요.

이 책이 나올 수 있게 도와주신 분들께
감사한 마음을 전합니다.

정현우 시인님과 추천사를 써주신 최지인 시인님,
그리고 안지은 선생님, 편집자님, 메이킹북스
출판사 분들의 정성이 담긴 마음과 사랑 덕분에,
저는 어느 때보다 글과 함께 행복했습니다.

다음날이 오면, 또 무슨 문장과 글이 나에게 올지,
행복해하며 궁금해하는 날들이었습니다.

이 글은 꾸밈없이 써 내려간 글입니다.

때론 너무 나를 거침없이 보여주는 것 같아
혼자 웃음을 짓곤 했습니다.

그러나 나는 늘 나이며, 나, 인 것이 좋고
여전히 나의 글을 쓰는 게 좋습니다.

책을 만드는 과정은
원석을 다듬는 과정이라고 생각해 봅니다.
내 안에 있던 문장들이 비켜나가면서
나의 마음은 또 어떠한 빛깔로 있게 될까요.

스타벅스의 고운 벽돌이며, 카페들의 눈빛들이며,
의자들이며, 글을 쓰는 나와, 눈부신 그대들도.

벌써, 글을 쓰던 시간이 그리워집니다.
저는 또 새 책을 쓰고 있겠지요. 그럴 겁니다.

일일이 허락을 맡지 못하고 글을 쓴 점을
양해 바라는 마음입니다.

저는 눈이 오는 겨울을 좋아합니다.
세상은 눈사람으로 가득하겠죠.

이 지구에 있는 모든 살아 있는
생명 가진 영혼들에게 평안을 빌며,

                                       2024. 11월의 겨울을 시작하며
                                                             박래빗